Arena-Taschenbuch
Band 1705

Jo Pestum

Der Schrei im Schilf

Reihe »Detektiv Luc Lucas«

CIP-Titelaufnahme der Deutschen Bibliothek

Pestum, Jo:
Der Schrei im Schilf / Jo Pestum.
– 1. Aufl. – Würzburg : Arena, 1989
(Arena-Taschenbuch ; Bd. 1705 : Detektiv Luc Lucas)
ISBN 3-401-01705-5
NE: GT

1. Auflage als Arena-Taschenbuch 1989
© 1989 by Arena Verlag GmbH, Würzburg
Umschlagillustration und Vignette: Charlotte Panowsky
Reihengestaltung: Karl Müller-Bussdorf
Gesamtherstellung: Pfälzische Verlagsanstalt, Landau
ISSN 0518-4002
ISBN 3-401-01705-5

Inhalt

Die Stunde des Pan   9

Das Gelächter der Füchse   20

Eine Insel im Sumpf   32

Das falsche Zeugnis   41

Wie ein böser Zwerg   55

Der Unglücksbringer   64

Ein Schrei im Schilf   74

Wenn der Rauch verweht   88

Wenn ein Kommissar . . .

. . . seine Arbeit bei der Kriminalpolizei aufgibt und aufs Land zieht, um sich dort mit Pferdezucht zu beschäftigen, dann ist das schon eine seltsame Sache. So etwas muß erklärt werden. Und darum, liebe Leserinnen und Leser, kommen wir an einem Vorwort nicht vorbei, obwohl ich Vorworte eigentlich scheußlich langweilig finde. Vielleicht geht es euch genauso.

Aber ich bin euch, bevor die Geschichte losgeht, eine Erklärung schuldig.

Genaugenommen hatte ich vier gute Gründe, als ich vor zwei Jahren um die Entlassung aus dem Polizeidienst bat. Der erste Grund war Dos Erbschaft. Das müßt ihr euch mal vorstellen: Da kommt eines Tages ein Brief von einem Rechtsanwalt, und man erfährt, daß man von einem Großonkel ein Gestüt geerbt hat. Ein Gestüt mit drei Dutzend Pferden und einer Menge Fohlen. Genau das ist Do passiert. Do heißt eigentlich Doris und ist außerdem meine Frau.

Die zwei nächsten Gründe waren nicht so erfreulich. Die Bronchitis meiner zehnjährigen Tochter Renate wollte und wollte nicht weggehen. Der Arzt meinte, die Großstadtluft von Köln und der feuchte Nebel vom Rhein wären daran schuld. Ja, und ich mußte mir eine Pistolenkugel aus der Schulter holen lassen, die ein Automarder auf mich abgefeuert hatte. Ich fühlte mich damals hundsmiserabel und hatte alles kotzsatt. Gründe genug, um aufs Land zu ziehen. Findet ihr nicht?

Den vierten Grund will ich euch natürlich nicht vorenthalten. Vielleicht war er sogar ausschlaggebend. Als mein Sohn Martin nämlich das mit den Pferden erfuhr, stand es für ihn fest, daß wir auf der Stelle unser Leben ändern würden. Er sagte, das wäre eine Superchance. Martin ist ein Tiernarr durch und durch. Und wenn so ein zwölfjähriger Dickschädel sich einmal an einer Idee festgebissen hat . . . Ihr kennt das bestimmt.

Wer aber jetzt meint, mein Leben auf dem Rabenhof wäre ruhig und problemlos verlaufen, hat sich gewaltig in den Finger geschnitten. Do vertritt zwar die Ansicht, daß ich meine Nase immer in anderer Leute Angelegenheiten stecken müßte, doch in Wirklichkeit ist das ganz anders. Was kann ich dafür, daß so viele rätselhafte Dinge geschehen? Ich habe nun einmal einen sechsten Sinn, ich spüre das einfach, wenn irgendwo etwas faul ist. Dann läßt es mir keine Ruhe. Ich muß wissen, was dahintersteckt. Kunststück! Schließlich bin ich fast fünfzehn Jahre Kriminalbeamter gewesen. So etwas kriegt man nicht aus den Knochen. Das könnt ihr mir glauben.

Ich möchte euch diesmal von einem seltsamen, spukigen Erlebnis erzählen. In Süddeutschland, nicht weit vom Bodensee entfernt, spielte sich das ab. Dort erstreckt sich südlich der Stadt Ostrach ein geheimnisvolles Moorgebiet. Die Leute nennen es einfach das Ried. Das Wasser, das aus dem sumpfigen Boden quillt, stammt von einem Gletscher, der hier in grauer Vorzeit schmolz. Als Kind hatte ich hier in einem Dörfchen mit meiner Mutter und meinem Bruder gelebt, genau zwei Jahre und zwei Monate. Wir waren vor den Bomben geflohen, die Nacht für Nacht auf unsere Heimatstadt Köln fielen. Als der grauenhafte Krieg zu Ende war und als mein Vater verwundet aus Rußland zurückkehrte, verließen wir Reuthweiler wieder.

Aber ich habe das Dorf und das zauberhafte Ried nie vergessen, und als ich mich neulich auf der Heimfahrt von einer langweiligen Pferdeauktion in Konstanz befand, packte mich so etwas wie Heimweh. Kurz entschlossen lenkte ich Jonathan, den Urahnen aller Porscheautos, in Richtung Reuthweiler. Wenn ich geahnt hätte, was dort auf mich wartete ... Halt, der Reihe nach!

Viel Spannung wünscht euch

Eric Lucas

Die Stunde des Pan

Solch eine Sonne gibt es nur im April!

Die kleinen Wellen der Tümpel blitzten, als zeigten Millionen von winzigen Fischen ihre silbrigen Bäuche. Ein leiser Wind flüsterte in den Schilfstengeln und brachte die Erlen zum Zittern. Violette Libellen sirrten durch die klare Luft. Der moorige Boden verströmte Gerüche, an die ich mich aus Kindheitstagen erinnerte. Streng duftende Riedpflanzen mischten Salbeiwürze und einen Schwall von sonnendurchglühter Katzenminze hinein. Zwischen den Inseln aus messerscharfen Gräsern gluckste und gurgelte unsichtbares Wasser. Die Mücken spielten verrückte Spiele. Hinter den Krüppelweiden tobten Wildenten.

Es war Mittag.

Stundenlang war ich durch das einsame Ried gelaufen, war durch schwarzen Morast gewatet, hatte Wasserläufe übersprungen und Dickichte durchstreift. Damals, als Kind, hatte ich das Ried immer nur von weitem gesehen, obwohl es mich mit magi-

9

scher Kraft angezogen hatte. Doch die Furcht vor den bösen Wassernixen, die mit verführerischen Gesängen und hüpfenden Irrlichtern die Menschen ins Moor lockten, hatte uns Kinder zurückgehalten. Ja, wir hatten den Märchen der großen Leute geglaubt.

Nichts hatte das Ried von seinem Zauber verloren. Ich konnte mich nicht satt sehen an den braunen und fahlgelben Farben, ich hätte vermutlich tagelang so laufen können. Zum Glück hatte ich meine Gummistiefel unter der Gepäckraumklappe gefunden. Ich war einfach zu faul gewesen, um sie vor der Reise herauszunehmen. Zu Hause brauchte ich die Stiefel ja dauernd. Ohne die Stiefel wär das hier im Ried ein schönes Schlammbad geworden!

Rehe waren vor mir aus den Binsenbüschen gesprungen, ein neugieriges Wiesel hatte mich aufmerksam beäugt, und ärgerliche Eichelhäher hatten mich mit Schimpfkanonaden überschüttet. Ich fand eine tellergroße Süßwassermuschel, sah einem Habichtweibchen zu, das an einem Kaninchenskelett herumzerrte, entdeckte riesige Kröten mit borkigen Rücken und flinke Smaragdeidechsen. Große schwarze Käfer turnten am Eulengewölle herum. Langbeinige Mücken schlitterten auf der Oberfläche der Ach, die das Ried im Osten begrenzt. Lautlos und langsam strömte der kleine Fluß, und wenn nicht die wehenden Unterwasserfarne gewesen wären, hätte man denken können, er wäre tot.

Solch ein Licht, solch ein Duft über allem! Es war Mittag, die Stunde des Pan, jenes bockfüßigen Hirtengottes, der in der Mittagsstille die Menschen erschreckt.

Und dann hörte ich plötzlich auch die Panflöte!

Lucas, dachte ich, jetzt bist du übergeschnappt. Sonnenstich. Eindeutiger Fall von Verblödung. Ich hatte die Jacke ausgezogen, hockte im Moos und lachte mich selber aus. Aber dann hatte ich mich doch nicht geirrt: leise, aber deutlich vernahm ich die Flöte. Es war eine eigenartig rauhe Melodie, ich kann das nicht besser erklären. Es hörte sich an, als bliese jemand auf Flaschenhälsen drei, vier immer wieder gleiche Töne. Pan im Moor!

Im hohen Schilf weit hinter den Tümpeln, die sich gebildet hatten, als sie hier noch den Torf stachen – weit hinter den Tümpeln mußte der Flötenspieler stecken. Ich fühlte den Drang, aufzuspringen und dorthin zu laufen, doch gleichzeitig scheute ich mich, diesen Zauber zu durchbrechen. Eine Hummel verfing sich in meinem Haar. Ich achtete kaum darauf.

Ich kam mir ganz leicht vor.

Genauso plötzlich, wie sie begonnen hatte, verstummte die Flötenmusik. Das heißt: eigentlich brach sie ab, mitten in einer Tonfolge, und die Melodie war noch nicht zu Ende. Da fehlte einfach der Schluß. Warum der Flötenspieler nur so abrupt verstummt war?

Irgendwann später stand ich auf und wand mich durch brusthohes Gras, irgendwann später erreichte ich den Trampelpfad, der zum Flußufer führte. Ich fühlte mich wohlig müde und seltsam erregt zugleich. Ich sah Jonathan am Rand des überwucherten Fahrwegs. Dann, als ich näher heran war, entdeckte ich noch etwas.

Da war ein Mann, der hüpfte wie eine Bachstelze

um meinen Wagen herum und bückte sich dann, als wollte er den Namen der Stadt auf dem hinteren Nummernschild lesen. Der Mann war offenbar lang und dünn und trug so etwas wie einen Melkerkittel. Aber auf die Entfernung konnte ich das in der grellen Sonne nicht genau erkennen. Unwillkürlich lief ich schneller.

Hatte der Mann mich gesehen? Mit ein paar schnellen Hüpfern war er im Röhricht verschwunden, als hätte ihn die Erde verschluckt. Was für ein verrückter Tag!

Ich hatte das Wagenfenster an der linken Seite offengelassen. Das hatte den Mücken wohl Spaß gemacht. Jedenfalls brauchte ich eine Viertelstunde Jagdzeit, damit ich mich ungefährdet hinter das Steuer setzen konnte. Der Weg war von Traktorenprofilen aufgewühlt und setzte Jonathans Achsen mächtig zu. Ich fuhr ganz langsam und versuchte, die Melodie zu pfeifen, die ich im Ried gehört hatte, doch ich schaffte es nicht.

Winzig wie Kinderspielzeug lag Reuthweiler hinter grünen Feldern am Hang. Dahinter, wie eine Theaterkulisse, der Wald. Damals waren es sieben Höfe mit Scheunen und Stallungen gewesen, jetzt waren es anscheinend nur noch sechs. Etwas im vertrauten Bild fehlte. Da waren auch kahle Stellen, wo früher Obstgärten fast paradiesisch wucherten. Der spitze Turm der Kapelle, die wie ein Gockelhahn die Häuser vom Waldrand her bewachte, war frisch mit Kupferblech beschlagen worden. Ein Fest für die Sonnenstrahlen. Die Uhr hatte keine Zeiger mehr. Erst als ich nah heran war, erkannte ich, daß die hellen Tupfer auf Seppers Hauswiese Schweine waren.

Ein Hund heulte, als ginge es ihm ans Leben.

Der Hof von Seppers hatte sich nicht verändert. Olga fiel mir ein, das bissige Pferd, das sie immer zusammen mit einem Ochsen vor den Pflug gespannt hatten, bis der der Olga mit dem Horn das linke Auge eingedrückt hatte. Mit den Sepperskindern hatte ich gespielt und gerauft und Maikäfer für die Hühner gesammelt. Ich erkannte das Gehöft von Schmaik, dem Säufer und Kühequäler. Die Giebel dahinter gehörten zu den Höfen von Hogg, Wirtle und Sauter. Das letzte Haus, fast schon im Wald, hatte dem säbelbeinigen Luffler gehört, der ein fröhlicher Hungerleider gewesen war, aber dann eines Tages dem Wucherer Auer eine Axt in den Rücken gerammt hatte, weil der ihn nach dem Hochamt in Ostrach verhöhnte. Ja, das war's! Auers großer Hof fehlte. War einfach weg. Und die gigantische Linde aus der Dorfmitte war auch weg.

Nein, ich hatte mich nicht zu erkennen gegeben, obwohl da ein paar Gesichter waren, an die ich mich erinnerte. Albert, mein Dauerlaufgegner von damals, hatte sich nicht ein bißchen verändert. Ich hatte ihn bei meiner Ankunft am Abend zuvor am Hoftor von Seppers gesehen. Anscheinend war er jetzt der Bauer. Seine Segelfliegerohren waren noch genau wie damals. Bloß, daß sein Haar grau geworden war.

Ich hatte im Gasthaus »Zum Schwanen« ein Zimmer bekommen. Vor Jahren hatte Wirtle hier Selbstgebrannten und Apfelmost an seine Nachbarn verkauft und war selbst einer seiner besten Kunden gewesen. Die neuen Wirtsleute hießen Reiser und waren mir fremd.

Frau Reiser, viel zu dick für ihre vierzig Jahre, war

breitwadig vor mir die Stiege hinaufgestampft und hatte mir das winzige Zimmer mit der tröpfelnden Dusche gezeigt, und ich hatte ihr vorgelogen, es gefiele mir. Später hatte ich dann ein Handtuch um den Kopf der Brause gebunden und war schnell eingeschlafen. Nach einem enormen Frühstück mit Weißbrot, hausgemachter Johannisbeer-Marmelade, hausgemachter Leberwurst und hausgemachtem Weichkäse – vermutlich war das Weißbrot auch hausgemacht –, war ich dann aufgebrochen zum Ried. Neugierige Augen hatten sich mir fast fühlbar in den Rücken gebohrt. Hierher kamen wohl selten Fremde.

Es war fast drei Uhr, als Jonathan über die asphaltierte Straße tuckerte, die Reuthweiler von Westen nach Osten durchlief.

»Jetzt haben Sie ja überhaupt nichts zu Mittag gehabt!« empfing mich Frau Reiser vorwurfsvoll unter der Tür. Sie hatte sich ein rot-grün-kariertes Kopftuch zu einem seltsamen Turban auf ihrem dunkelbraunen Haar dekoriert. Eine winzige Katze von unbestimmbarem Gelbrot hing auf ihrer Schulter.

Der Hund heulte noch immer.

»Dafür habe ich eine wunderbare Wanderung gemacht«, lachte ich sie an.

»Es ist schön im Ried, ja? Das sagen alle, die's zum erstenmal erleben.«

»Finden Sie es denn nicht auch schön da draußen?«

»Nicht so sehr«, sagte sie gedehnt. »Außerdem hat man's ja Tag für Tag vor der Haustür. Da hat man kein Auge mehr für so was.«

»Trotzdem . . .«, begann ich, aber als ich spürte, daß das Thema sie nicht zu interessieren schien, verschluckte ich meine Worte.

»Soll ich Ihnen rasch einen Leberkäs heißmachen?« Frau Reiser schüttelte sich die Katze von der Schulter. Das Tier maunzte unwillig und huschte mit erhobenem Schwanz in die dunkle Diele.

»Danke«, sagte ich, »das ist wirklich nicht nötig. Ich freue mich dann mehr aufs Abendbrot.«

»Wie Sie meinen, Herr . . . Ihren Namen hab ich doch glatt vergessen. Verzeihung!«

»Lucas.«

»Herr Lucas. Ja, natürlich.«

Ich stieg zu meinem Zimmerchen hinauf, legte mich aufs Bett, träumte ein bißchen von damals. Aber weil ich fürchtete, daß ich einschlafen würde, stand ich wieder auf, schob das Sesselchen mit dem häßlichen grünen Plastiküberzug ans Fenster und fischte mir ein Zigarillo aus dem Blechkästchen.

Ob mich wirklich niemand wiedererkennen würde?

Weiße Gänse, die aussahen wie eine Armee fetter Krankenschwestern, watschelten zu einem flachen Gewässer neben Hoggs Scheune. Gänsemarsch. Dieses Bild war mir vertraut. Die Fassaden der Häuser hatten sich verändert. Klinkerblenden verdeckten die rauhen Lehmputzmauern. Die Klinkersteine paßten nicht in diese Landschaft. Dann fiel mein Blick auf das winzige Häuschen, in dem wir damals gewohnt hatten. Zwei Kammern unten, eine unterm schrägen Dach, in der sich im Sommer die Hitze staute. Dazu eine Küche mit Steinfliesen, in der es im Winter nie warm geworden war.

Ob Do und die Kinder es wohl verstehen würden, wenn ich ihnen dieses Häuschen zeigte, das eigentlich der Altenteil von Seppers war, wenn ich ihnen sagte: Da bin ich vor fünfunddreißig Jahren sehr glücklich gewesen.

Do hatte mir am Telefon lachend gesagt: »Du und deine Schnapsideen, Luc! Aber wenn's dir Spaß macht, dann bleib doch ein paar Tage in Reuthweiler. Und fahr über die Schwäbische Alb zurück. In Marbach soll's nämlich prächtige Pferde geben.« Wir hatten über die Kinder geredet. Martin hatte sich in Englisch eine Vier minus geleistet, und Renate war von einem Fohlen getreten worden. Titus, unser Stallmeister, hatte wieder eine Gehaltserhöhung beantragt. Alles lief also seinen normalen Gang. Ich brauchte mir keine Sorgen zu machen.

Plötzlich hatte ich Lust, das alte Häuschen aus der Nähe anzuschauen. *Speicher* hatten die Leute das Häuschen genannt. Wir waren die Großstädter aus dem Speicher gewesen.

Frau Reiser hatte wohl gehört, daß ich die Treppe herunterkam. Sie steckte den Turbankopf aus der Küchentür. Eine Waschmaschine lärmte und ließ die Treppenstufen zittern. Warmer Kuhstallduft drang durch die Hintertür herein.

»Möchten Sie Bratwurst mit Linsen und Spätzle zum Abendessen?« fragte Frau Reiser und blinzelte ein bißchen kurzsichtig.

»Klar«, sagte ich, »gern.«

»Sie gehen noch ein wenig spazieren, Herr Lucas?« Und als ich nickte, nickte sie auch. »Das ist recht so. Es ist ja auch so schöner Sonnenschein heute.«

Sie ging mit bis zur Haustür. Und da fiel mir auch ein, daß ich noch etwas fragen wollte. »Im Ried draußen«, sagte ich, »hat jemand so eigenartig auf einer Flöte geblasen. Wohnt da draußen einer?«

Es war, als hätte ein Stromstoß sie plötzlich getroffen. Ihr Gesicht verkrampfte zur Grimasse. Mit beiden Händen faßte sie nach ihrem prallen Busen. Ich sah, daß die Fingerknöchel weiß wurden. Sie stieß die Luft in kleinen Schüben aus der Nase. »Im ... im Ried draußen? Eine Flöte?« Ihr Lachen klang unecht, ohne Zweifel. »Das ... das müssen Sie geträumt haben, Herr Lucas! Die Leute müssen doch arbeiten. Wer soll denn am Werktag Zeit zum Flötenspielen haben! Was Sie da gehört haben wollen! Nein, also ...« Frau Reiser lachte wieder und verschwand schnell in der Küche.

Von dem dünnen Mann hatte ich ihr nichts erzählt.

Ich schlenderte die Dorfstraße entlang in westlicher Richtung. In einer kleinen Koppel knabberten zwei Shetlandponys die Rinde von den Apfelbäumen. Der weißhaarige Mann mit gekrümmtem Rücken, der am Ackerrain wie wild mit seiner Sense auf die Brennesseln eindrosch, kam mir irgendwie bekannt vor, aber mir fiel kein Name dazu ein. Daß ich beobachtet wurde, wußte ich längst.

Als ich bei »unserem« Häuschen ankam, konnte ich mir ein wehmütiges Grinsen nicht verkneifen. Was war aus dem Speicher geworden! Der Putz war aus dem Fachwerk gebrochen, die angeschimmelten Dachsparren ragten wie ein Sauriergerippe in die Luft. Türen, Dachziegel und Fensterscheiben gab es nicht mehr, und im Halbdunkel des Innern gackerten die Hühner. Das Traumschloß aus Kindertagen war nur noch eine lächerliche Ruine.

Als ich mich plötzlich umdrehte, entdeckte ich meine Verfolger. Sie huschten zwar blitzschnell hinter einen aufgebockten Treckeranhänger, aber ich hatte sie trotzdem gesehen.

Es waren Kinder. Vier oder fünf. Sie mußten etwa in Martins Alter sein, vielleicht auch ein bißchen darüber. Ich spürte geradezu körperlich ihre Feindseligkeit.

Mit Reuthweiler stimmte etwas nicht.

Ich lief noch bis zur Schweineweide am Ortsausgang. Fern lag das Ried geheimnisvoll im abendlichen Dunst. Aus nördlicher Richtung, vermutlich von Ostrach her, näherte sich das Knurren eines Dieselmotors.

Die Kinder belauerten mich auch auf dem Rückweg. Mal blitzten nackte Beine in der Luke einer Strohscheune, mal fuhr ein schwarzer Schopf nicht rasch genug hinter die Gartenmauer.

Unter dem Herrgottswinkel in der kleinen Wirtsstube hatte Frau Reiser den Tisch für mich gedeckt. Die vier anderen Tische waren leer. Am Tresen standen zwei Männer in Arbeitskleidung und tuschelten mit Herrn Reiser, der auch im Haus seine graue Schirmmütze nicht abnahm. Herr Reiser zapfte Bier.

» . . . wieder aufgetaucht«, hörte ich den älteren der zwei Männer flüstern. Doch als er mich sah, wechselte er hastig das Thema. »Und ich wette, daß VfB Stuttgart niemals Deutscher Meister wird, niemals!« Er wuchtete sein Bierglas auf die Thekenplatte. Etwas schwappte über.

»Ist sowieso nichts mehr los mit dem europäischen Fußball«, beeilte sich der andere laut zu sagen. Ein Schraubenschlüssel ragte ihm aus der Seitentasche der speckigen Jacke.

Ich grüßte. Sie grüßten zurück.

Frau Reiser kam mit zwei dampfenden Schüsseln aus dem Durchgang zur Küche. »Möchten Sie lieber ein Bier oder einen Most zum Essen?«

Ich entschied mich für Apfelmost. Herr Reiser brachte mir das Halbliterglas an den Tisch und nuschelte etwas, das vermutlich »Wohl bekomm's« heißen sollte. Ein dritter Mann betrat die Schankstube.

Der gerahmte Spruch hatte auch damals schon über der Tür gehangen: *Die Rose blüht, der Dorn, der sticht. Wer gleich bezahlt, vergißt es nicht.*

Das Gelächter der Füchse

Es war eine helle Nacht, obwohl der Mond abgenommen hatte, daß er wie ein abgelutschtes Bonbon aussah. Der Waldrand war eine violette Mauer, hinter der sich ein flirrender Sternenhimmel erhob. Ich hatte das Fenster weit geöffnet. Vertraute Geräusche drangen ins Zimmer. Eine Kuh stöhnte schlaftrunken und klirrte mit der Kette, ein Käuzchen jammerte, ein Düsenjet röhrte sehr fern.

Die Geräusche aus der Wirtschaft unter mir waren unangenehmer. Ich verstand zwar kein Wort, aber ich hörte die Erregung in den Stimmen. Ich las noch ein bißchen in Hermann Hesses »Unterm Rad«; ich hab immer Bücher dabei, wenn ich auf Reisen bin. Später knallten Türen, Schritte entfernten sich: es wurde ruhig im Haus. Ich sank in einen leichten Schlaf und nahm allerlei krauses Zeug mit in meinen undeutlichen Traum, in dem riesige Wasserpflanzen, die sich träge bewegten, die Hauptrolle spielten. Ich weiß noch, daß ich kraulte und kraulte, aber immer tiefer sank. Und das war ein schönes Gefühl.

Ich wurde nicht erst wach, als der Stein ins Zimmer krachte, ich war schon von den trippelnden Schritten draußen aufgeschreckt.

In alter Gewohnheit wollte ich nach links aus dem Bett springen, nur: in diesem Fall knallte ich mit dem Kopf gegen die Wand, verlor eine Menge Zeit, rappelte mich benommen hoch, verfing mich zu allem Überfluß im Fransenteppich. Als ich mich dann endlich aus dem Fenster lehnte, war natürlich nichts mehr zu sehen. Kühler Wind fuhr mir ins Gesicht, daß die Augen tränten.

Der Stein war so groß wie ein Pingpong-Ball. Er hatte eine kleine Delle in die Wandtapete geschlagen. Der Zettel, der aus einem Rechenheft stammte, hatte sich gelöst und lag zerknüllt vor dem Bettpfosten. Ich lauschte. Nein, da rührte sich nichts im Haus.

Dann las ich im Schein der funzeligen Nachttischlampe die rätselhafte Nachricht:

Warum lassen Sie Kornel und seinen Vater nicht in Ruhe? Die sind unschuldig !!!

Ja, drei Ausrufezeichen. Und es war eindeutig eine Kinderschrift. Was das nur zu bedeuten hatte? Wer war Kornel? Wer war sein Vater? Was hieß das: unschuldig? Daß ich mit jemandem verwechselt wurde, schwante mir undeutlich. Wann kam schon mal ein Fremder hierher! Das war es!

Nur machte mich diese Feststellung kein bißchen schlauer. Wer verdächtigte da wen? Was hatten die Kinder damit zu tun? Die Kinder? Wieso die Kinder? Dies hatte doch wohl nur *ein* Kind geschrieben.

Aber war es nicht vielleicht eine Botschaft meiner Verfolger vom Nachmittag? In was für einer Rolle sahen die mich? Was für ein Geheimnis hatten diese Kinder?

Fragen über Fragen. Ich fühlte mich überwach. Aber ich legte mich wieder hin und zwang mich zur Ruhe. Natürlich stand es längst für mich fest, daß ich nicht abreisen würde, bevor ich das Spiel durchschaute. An Schlaf war allerdings nicht mehr zu denken.

Ich weiß nicht mehr, ob es mich sehr wunderte, daß es noch einen zweiten Akt des nächtlichen Dramas gab. Diesmal war ich schnell genug am Fenster.

Es war um die Zeit, in der die Nacht zu einem fahlen Grau gerinnt, obwohl die Dämmerung noch nicht begonnen hat. Auf der Dorfstraße klangen Schritte.

Kein Schleichen, kein Hasten: ganz normale Schritte. Dann quietschte eine Gartentür, dann hörte ich schmeichlerisches Gewisper. Wem galt das?

Eine lange und sehr dünne Gestalt. Die dreiviertellange Jacke konnte ein Melkerkittel sein. Die andere Gestalt war entschieden kleiner. Die beiden machten sich an der Scheunenwand von Seppers Hof zu schaffen. Etwas knirschte auf dem Holz. Dann vernahm ich verhaltenes Gelächter. Als in Seppers Wohnhaus das Licht aufflammte, waren die zwei Gestalten längst vom dunklen Schatten der Hofmauer geschluckt worden.

»He! Ist da jemand?« rief eine aufgeregte Männerstimme. »Da ist doch jemand!«

Vieh wurde unruhig. Ein übereifriger Hahn machte Krähversuche. Auch in anderen Häusern gingen Lichter an. Ich hörte im Raum unter mir Schritte und Gezischel. Dann wurde alles wieder still.

Warum bellten die Hunde nicht?

Vermutlich hatte ich doch noch geschlafen. Als ich auf die Armbanduhr schaute, war es fast schon acht Uhr. Ich duschte, rasierte mich und zog mich hastig an. Vor dem Fenster hingen Nebelfetzen. Es würde wieder ein schöner Tag werden. Milchkannen klapperten im Dorf.

Hatte Frau Reiser auf mich gewartet? Kaum schloß ich die Zimmertür, da tönte es mir schon entgegen: »Frühstück kommt sofort! Wenn Sie schon mal Platz nehmen würden?«

Ich nahm Platz. Die Zeitung lag neben dem Gedeck. Ich fragte mich, wer wohl so früh schon die Zeitung hierher brächte. Wieder war der Tisch vollgestellt mit Hausgemachtem. Ich hatte kaum die Schlagzeilen überflogen, da trug Frau Reiser auch schon die Kaffeekanne und das Frühstücksei mit buntgehäkeltem Wärmemützchen herein. »Hatten Sie eine angenehme Ruhe?« Daß sie keine angenehme Ruhe gehabt hatte, sah ich an ihrem zerknitterten Gesicht.

»Ich habe wie ein Murmeltier geschlafen«, lachte ich und schaute ihr ins Gesicht.

Sie wich meinem Blick aus. »Haben Sie auch von allem genug? Soll ich Ihnen vielleicht noch ein Hafermus kochen?«

»Aber hören Sie, Frau Reiser! Das hier reicht doch schon für ein Dutzend Schwergewichtsboxer.« Ich griff nach der Kanne. »Übrigens, einmal bin ich in der Nacht wach geworden. Da hab ich so Geräusche gehört. Draußen, ich mein . . .«

Sie unterbrach mich überlaut. »Die Füchse mal wieder! Das ist vielleicht ein Kreuz! Die Füchse sind mal wieder in Seppers Gänsestall eingebrochen, aber man hat sie noch rechtzeitig vertrieben. Warum die nicht mal von Königseggwald einen Jäger rüberschicken. Auch wegen der Tollwutgefahr . . .« Frau Reiser wischte mit ihrem Tuch Flecken vom Tisch, wo gar keine waren.

»Daß es hier überhaupt noch Füchse gibt«, sagte ich und strich Butter auf eine Weißbrotschnitte. Ich dachte: Seit wann lachen Füchse eigentlich?

»Wird wieder schön heut!« sagte Frau Reiser eifrig.

»Bestimmt!« kaute ich.

Sie quälte sich mit einer Frage, das spürte ich. Die Marmelade war schön kühl. Auch an solche Marmelade erinnerte ich mich.

»Was . . . was ich Sie fragen wollte . . .«

Na also! »Bitte?«

»Sie wollten schon heute abreisen, Herr Lucas?«

»Nein«, sagte ich, »eigentlich nicht. Oder ist das Zimmer für jemanden vorbestellt?« Natürlich war das eine blöde Frage. Wann kam hierher schon mal ein Fremder!

»Nein, das nicht. Ich wollt's halt nur wissen. Sie sind heut zum Mittagessen da?«

»Bei solch einem Frühstück?« protestierte ich. »O nein, das hält dreimal bis zum Abend vor.«

»Wie Sie meinen«, nickte Frau Reiser, wünschte mir einen schönen Tag und eilte hinaus.

Das war klar: sie wollte wissen, warum ich mich in Reuthweiler aufhielt. Wer kommt schon nach

Reuthweiler! Vielleicht hatte man ihr auch am Abend aufgetragen, das herauszukriegen. Sie hatte sich bloß nicht getraut, direkt zu fragen.

Die zweite Warnung fand ich, als ich aus Jonathans Handschuhfach das Meßtischblatt holen wollte. Man sah es nur von innen, was da jemand auf die schmutzige Scheibe geschrieben hatte. Anscheinend mit dem Finger. Ich las die Spiegelschrift: *!BA EIS NEUAH*. Ein Kind hatte das geschrieben. Darunter war ein Totenkopf mit gekreuzten Knochen ungeschickt hingemalt.

An Seppers Scheunenwand war auch geschrieben worden. Die Kratzgeräusche in der Nacht. Nur daß das hier kein Kind geschrieben hatte, sondern ein dünner Mann.

Albert Sepper mit den Segelfliegerohren war mir damals von allen am liebsten gewesen. Wir hatten Dauerläufe durch die Wälder veranstaltet, damit wir kräftige Muskeln kriegten. Wir hatten uns Haselnußstöcke geschnitten und mit Bindfäden geschirrt, und das waren dann unsere Pferde, mit denen wir nachmittagelang durch die Wiesen trabten. Wir hatten aus Kiefernrinde Schiffe geschnitzt und in den Bach gesetzt, mit denen trieben wir nach Amerika zu den Delawaren, von denen wir wußten, daß sie genauso blutrünstig waren wie wir mit unseren Tomahawks aus Weidenwurzeln.

War die Frau dort, die mit einem nassen Schrubber über die Kreideschrift rubbelte, Alberts Frau? Vom Alter her konnte das stimmen. Ich grüßte, aber die Frau tat so, als hätte sie nichts gehört.

Gelbe Kreide auf Fichtenbrettern. Fettkreide. Auch wenn die Buchstaben schon blaß waren, zu entziffern waren die Worte leicht: *Du sollst kein falsches Zeugnis geben wider deinen Nächsten!*

Die Frau schrubbte wie besessen. War das Wut? War das Angst? Oder war das bloß ein Sauberkeitsfimmel?

Wahrscheinlich war es die Warnung der Kinder, die mich davon abhielt, wieder ins Ried zu fahren, obwohl ich darauf brannte, den Flötenspieler zu finden, der für so viel Unruhe unter den Menschen hier in Reuthweiler sorgte. Statt dessen bummelte ich zum Waldrand hinauf. Ein vertrauter Weg, nur war er damals noch nicht asphaltiert gewesen. Noch immer säumten Schlehenbüsche diesen Weg. In den Telegrafenmasten summte der Wind. Ein vermummter Motorradfahrer mit einer schweren Yamaha raste mir entgegen.

Am Waldrand setzte ich mich auf die unterste Leitersprosse des Jagdhochstandes und zog den verknubbelten Brief aus der Hosentasche. Warum lassen Sie Kornel und seinen Vater nicht in Ruhe? Die sind unschuldig!!! Ja, die drei Ausrufezeichen. Das sollte wohl heißen: Wir wissen es genau. Aber sollte es auch heißen, daß sich die anderen irrten? Und wer waren die anderen? Wer waren überhaupt Kornel und sein Vater? Kornel: den Namen hatte ich noch nie gehört. Wohl Cornel, klar, das ist englisch. Aber Kornel. Wieso konnte überhaupt jemand auf die Idee kommen, ich wollte Kornel und seinen Vater nicht in Ruhe lassen? Schön, ich war fremd hier, ich war plötzlich in Reuthweiler erschienen. Doch was hatte ich nur getan, daß man meinen konnte, ich wollte Kornel und seinem Vater irgendwie schaden? Ich hatte das Ried durchstreift. War es das?

Ich mußte unbedingt mit den Kindern sprechen.

Anscheinend war es in diesem Spielchen Mode, die Nachrichten schriftlich an den Mann oder an die Frau zu bringen. Die einen warfen Briefe durchs Fenster, die anderen schrieben auf Scheunenwände. Na schön, warum sollte ich nicht auch mal etwas Hübsches schreiben?

Als kurz vor zwei der Schulbus aus Ostrach kam, stand ich hinter einem Trafohäuschen und schaute zu, wie die lärmende Fracht sich entlud. Das übliche Geschubse, die üblichen Kraftausdrücke, das übliche Gegibbel, die übliche Schreierei mit denen, die noch im Bus blieben, weil sie vielleicht nach Laubbach oder nach Unterweiler gebracht wurden. Je nach Temperament rannten, bummelten oder hüpften die Jungen und Mädchen zu den einzelnen Höfen. Zu Reisers Wirtshaus ging keines der Kinder.

Ein Mädchen mit blonder Ponyfrisur schlenderte langsam auf Seppers Haus zu. Sie wird ungefähr vierzehn sein, dachte ich. Ihre hellblauen Jeans waren in der Kniegegend mit roten Stoffherzen verziert. Als das Mädchen noch ungefähr zwanzig Schritte von mir entfernt war, trat ich hinter dem Blechkasten vor, hielt die Schlüsselblumen so, als hätte ich sie dort gerade gepflückt, schnupperte an dem kleinen Strauß und ging langsam weiter. Ich hörte, wie das Mädchen hinter mir die Schritte verzögerte.

Dann ließ ich meinen Zettel fallen.

In diesem Augenblick schoß so etwas wie ein schwarzer Gummiball aus dem Hoftor. Das Ding jubelte in den höchsten Jaultönen und entpuppte sich, als es dem Mädchen auf den Arm gesprungen war, als Hund. Wahrscheinlich war es eine Mischung aus Dackel und Pudel und Scotchterrier. Jedenfalls so in dieser Art.

»Tarzan!« schmeichelte das Mädchen. »Guter Tarzan! Ganz guter Tarzan!« Da wurde der Hund plötzlich still. Dieses schmeichelnde Zureden hatte ich schon einmal gehört . . .

Das Mädchen drehte sich nicht um, als es mit dem Bündel Hund im Haus verschwand, aber mein Zettel lag nicht mehr auf dem Weg.

Wer dann allerdings mit reichlich dämlichem Gesicht hinter der Kapelle im Kreis herumlief und vergeblich wartete, das war der Meister Lucas. Ich hatte auf den Zettel geschrieben: *Ich möchte gern mit euch sprechen. Kommt um 15 Uhr hinter die Kapelle.* Aber sie kamen nicht. Ich konnte die Daumen drehen wie ich wollte: sie kamen einfach nicht, und sie ließen sich auch nicht aus der Ferne sehen. Nach einer Stunde gab ich es auf, und ich war zornig, obwohl ich eigentlich kein Recht darauf hatte. Die Wildtauben in der kahlen Kiefer lachten mich aus.

Am liebsten hätte ich mir einen Nagel ins Knie getrieben. Warum machte ich es bloß so spannend? Was ging mich denn das Getue der Leute an? Gut, ich war mal wieder neugierig. Aber mußte ich mich deshalb wie ein Geheimagent aus einem Kitschroman benehmen? Ich hockte mich hinters Steuer und fuhr in einem Riesenbogen von Südosten ans Ried heran. Zwar kannte ich in dieser Gegend die Wege nicht, doch das Moorgebiet lag überschaubar vor mir.

Als der Grasweg an einer Koppel endete, stellte

ich Jonathan im Schatten eines halbzerfallenen Heuschobers ab und zog meine Gummistiefel an. Die Trittsiegel der Kühe vom vergangenen Herbst standen voll Wasser. Weit und breit war außer den schwirrenden Schmetterlings-Faltern kein Lebewesen zu sehen.

Jenseits der Koppel gab es nur noch einen schmalen Trampelpfad. Der Boden federte unter meinen Schritten. Manchmal überbrückten modrige Bohlen gefährlich gluckernde Untiefen. Wenn ich stehenblieb, glaubte ich die Stille dröhnen zu hören. Bisweilen schien der Pfad verschwunden zu sein, wenn er sich mit Wildwechseln kreuzte oder von Farnen überwuchert war. Ich mußte mich höllisch konzentrieren. Wer sich hier verlief, würde bestimmt viel Spaß bekommen!

Hier im Dickicht war kein Windhauch zu spüren. Am ganzen Körper brach mir der Schweiß aus, und das zog natürlich die Mücken an. Ich war heilfroh, als ich wieder in offeneres Gelände geriet. Später, nach einer halben Stunde vielleicht, erkannte ich auch die schnurgeraden Buschreihen, die den Lauf der Ach säumten. Ich kannte mich wieder aus.

Weit konnte ich nicht mehr von den Torflöchern entfernt sein, hinter denen der Flötenspieler seine Melodie geblasen hatte. Wollgrasbüschel und Schilfstauden versperrten mir die Sicht, darum war ich überrascht, als ich plötzlich auf den Fahrweg stieß, der vom Flußufer her ins Ried führte. Wahrscheinlich wurde dieser Weg alle Jubeljahre mal von einem Forstfahrzeug benutzt, darum machte es mich stutzig, daß offenbar vor kurzer Zeit hier ein Wagen gefahren war.

Ich kniete mich hin und prüfte die Spur. An den Aufwürfen der Profile erkannte ich, daß das Fahrzeug vom Flüßchen her gekommen war.

Sollte ich dieser Spur folgen?

Nein, eigentlich hatte ich ein anderes Ziel. Ich konnte ja nicht ahnen, daß zu dieser Zeit der Flötenbläser auf dem rechten vorderen Kotflügel des Wagens hockte, der hier seine Spuren eingegraben hatte, und an einem gebratenen Fisch nagte. Ich konnte auch noch nichts von meinem Schlammbad ahnen.

Das allerdings ereignete sich schon nach wenigen Schritten. Ich war wieder ins Unterholz eingedrungen und spähte zwischen den hellen Stämmen der jungen Lärchen durch, dabei wäre es besser gewesen, ich hätte darauf geachtet, wohin ich meine Füße setzte.

Dann ging es sehr schnell. Plötzlich spürte ich den Geruch von Feuer in der Nase. Ich schnupperte, machte einen großen Schritt nach vorn – und dann gab der Boden nach wie weicher Himbeerpudding. Es schmatzte satt, und ich saß bis zum Hintern im Schlick.

»Schlammbäder sind gesund gegen Rheuma!« kicherte eine Stimme im Gebüsch. Das meckernde Lachen, das dann folgte, hatte ich auch in der Nacht gehört.

»Ich kann leider nicht mitlachen«, sagte ich und gab mir viel Mühe, meinen Schrecken mit gespielter Kaltschnäuzigkeit zu übertünchen. Kein Zweifel: ich sank und sank.

»Wenn Sie mal aufhörten zu rudern und statt dessen nach den Wurzeln neben Ihrem Kopf langten, würden Sie ruck zuck wieder draußen sein. So besonders zäh ist das Moor hier gar nicht.« Der Mann hatte offenbar viel Freude an meiner Hilflosigkeit.

Ich griff nach der Erlenwurzel, knickte mir dabei zwar einen Fingernagel ab, aber als ich dann zu ziehen begann, war es gar nicht besonders schwer. Es gluckerte, spuckte und gluckste, und ich zog und biß die Zähne zusammen und zog noch fester – und dann kniete ich prustend und nach Luft ringend im Gras und schämte mich maßlos.

»Na also«, sagte der dünne Mann. Er hielt die Hände in den Falten seines dunkelblau und hellblau gestreiften Kittels und kaute auf einer Stummelpfeife herum.

Ich schätzte sein Alter etwa auf fünfzig, aber sein Haar war schon grau. Der Mann war sehr lang und wirkte ein wenig verwachsen.

»Dann kommen Sie man«, sagte er und klopfte die Pfeife an seinem linken Stiefel aus. »Ich warte schon 'ne geschlagene Viertelstunde auf Sie.«

»Sie warten auf mich?« Ich begriff das nicht.

»Sie kommen ja schließlich mit einem Lärm angetrampelt, als wär's 'ne Büffelherde! Nun kommen Sie schon.«

Und ich war immer so stolz auf meine Anschleichkünste gewesen ...

Eine Insel im Sumpf

Der bunte Wagen war ein alter Mercedes-Klein-
transporter mit einem Blechhaus auf der Ladefläche,
das wie ein etwas eingeschrumpfter Eisenbahnwa-
gen wirkte. Vorherrschend waren die Farben Lila
und Orange. Zwischen den beiden Fenstern war in
grellroten Kursivlettern gepinselt: *Ihr Glück in King
Kong's Hand!*

Auf dem rechten vorderen Kotflügel hockte ein
Junge und nagte an einem gebratenen Fisch, durch
den ein Stöckchen gespießt war. Aus der Brusttasche
seines braunen Kordhemdes ragten die dünnen
Holzpfeifen einer zierlichen Panflöte. Der Junge
mochte fünfzehn Jahre alt sein, höchstens sechzehn.
Aber seine hellgrünen Augen, die eigenartig zu dem
schwarzen Haar im Kontrast standen, diese Augen
waren entschieden älter. Der Junge hatte die sand-
farbene Hose bis zu den Knien hochgekrempelt. Mit
den Zehen des rechten Fußes hielt er eine Angel.

»Willst du unseren Gast nicht begrüßen, Kornel?«
Die Stimme des Mannes triefte von Spott.

»Nein«, sagte der Junge.

Ich sagte: »Ich heiße Lucas.«

»Pinkas ist mein Name.« Der dünne Mann verneigte sich theatralisch. »Jan Pinkas. Glücksbringer und Schausteller. Zur Zeit auf der Durchreise zur Maikirmes in Nördlingen.«

Der Wagen hatte ein Ravensburger Kennzeichen. Ich prägte mir die Nummer ein.

Wir befanden uns auf einer Art Vierfünftelinsel. Es gab nur einen vier, fünf Meter breiten Streifen, der mit dem Buschland verbunden war und auf diese Insel führte. Sie war fast rund und hatte einen Durchmesser von nicht mehr als zwanzig Metern. Wahrscheinlich hatten die Torfstecher aus irgendeiner Laune heraus diese Insel im Sumpf gebildet. Das dunkle Wasser ringsherum schien tief zu sein. Vier Angeln waren mit Holzklötzen festgemacht. Die fünfte hielt Kornel mit den Zehen. Auf dem kleinen Rost, der zwischen zwei Eichenscheiten klemmte, schmurgelten drei handgroße Fische. Das Birkenfeuer war zu heißer Asche zusammengesunken und verströmte würzigen Duft.

Der Mann war meinem Blick gefolgt. »Sie können es getrost der Polizei melden. Wir haben einen gültigen Angelschein vom Forstamt in Königseggwald.«

»Ich habe nicht vor, zur Polizei zu gehen. Warum sollte ich denn?«

»Dann sagen Sie mir, was Sie hier machen!«

Ich hab das nicht so gern, wenn man mich anschnauzt. Honigsüß säuselte ich: »Das Ried haben Sie nicht beim Forstamt in Königseggwald gekauft, oder? Falls Sie's nicht gekauft haben, und falls ich mich also nicht auf Privatbesitz befinde, bin ich Ihnen wohl auch keine Rechenschaft schuldig. Oder sehen Sie das anders?«

Die durchweichte Hose klebte mir eklig am Körper, in den Stiefeln quatschte das Schlammwasser. Ich hätte jetzt ganz gut einen Schnaps vertragen können.

»Aber Sie spionieren uns nach«, sagte Jan Pinkas, ging in die Hocke und blies Funken aus der Asche. »Warum spionieren Sie uns nach? Haben diese ... diese Leute Sie geschickt? Ja?« Er wedelte mit seinen schlanken Händen in die Richtung, in der Reuthweiler lag.

»Ich spioniere Ihnen nicht nach. Das Wort paßt nicht. Daß Sie mich neugierig gemacht haben, gebe ich zu.«

Er richtete sich wieder auf. »Ach! Und wieso?«

»Ich habe Sie letzte Nacht beobachtet, als Sie das Achte Gebot an die Scheunenwand geschrieben haben. Sie müssen zugeben, daß so etwas zumindest nicht alltäglich ist.«

»Nachts kann überhaupt nichts alltäglich sein«, sagte der Junge mit Stimmbruchstimme und pulte mit dem Stäbchen zwischen seinen Zähnen herum.

»Außerdem haben Sie uns gestern schon beobachtet«, kicherte der Mann und sah dabei ein bißchen wie ein Ziegenbock aus, der auf Ärger aus ist.

Diese verrückten Leutchen! Ich erklärte ihnen, daß ich am Tag vorher nichts weiter als ein Spaziergänger gewesen wäre, der sich das Ried angeschaut hätte und der zufällig das Flötenspiel gehört und einen Mann bei seinem Auto gesehen hätte. »Warum dieser Mann sich dann in die Büsche schlug, als ich näherkam, weiß ich natürlich nicht«, sagte ich anzüglich und fixierte Jan Pinkas scharf.

Er hielt meinem Blick stand.

Der Junge holte sich einen weiteren Fisch vom Rost und zog mit den Zähnen die Haut ab. Dann nahm er die Angelrute wieder zwischen die Zehen.

»Wie dem auch sei«, sagte Jan Pinkas, »wie dem auch sei.« Er tippte mir mit der Hand gegen die Brust. »Wenn diese Leute Sie geschickt haben, dann melden Sie ihnen . . .« Es war, als sackte er in sich zusammen, als würde er kleiner. »Vergessen Sie's! Melden Sie gar nichts. Die wissen selbst Bescheid. Und wenn diese Leute Sie nicht geschickt haben, dann vergessen Sie's auch. Und hören Sie auf, Ihre Nase in Angelegenheiten zu stecken, die Sie nichts angehen!«

Das war nicht zu fassen! Da schimpfte dieser sympathische Zeitgenosse also haargenau mit Dos Worten. Ich konnte mir ein Grinsen nicht verkneifen.

»Sind Sie fertig?« fragte ich ihn. »Sie fragen mich aus und kommandieren hier rum. Aber jetzt hab ich mal eine Frage. Warum haben Sie das vergangene Nacht an die Scheune geschrieben?«

»Fragen Sie diese Leute!« kicherte er. »Fragen Sie doch diese Leute!« Dann verdüsterte sich sein Gesicht jäh. Unwirsch fuhr er den Jungen an: »Kornel, zeig ihm den Weg!«

Aha, die Unterredung war beendet. Jan Pinkas streifte sich die Stiefel von den Füßen und stieg auf Socken in den Wagen.

Genau in diesem Augenblick glaubte ich für den Bruchteil einer Sekunde ein Gesicht am hinteren Fenster gesehen zu haben. Es war nur eine huschende Bewegung gewesen, aber ich war mir meiner Sache seltsam sicher.

»Worauf warten Sie?« fragte der Junge.

Er trippelte leichtfüßig vor mir her. Ich folgte ihm steifbeinig, als hätte ich die Hose voll. Wir verließen die Insel und kletterten über einen Ginsterhang. Auf der anderen Seite dehnte sich eine Grasfläche, die wie geschoren aussah.

»Halten Sie sich immer rechts«, sagte der Junge und zeigte nach vorn. »Wo die einzelne Birke steht, geht rechts eine Schneise ab. Und am Ende der Schneise, wo das Schilf anfängt, da kommen Sie auf so einen Jägerpfad. Den gehn Sie auch nach rechts, und dann kommen Sie von selbst wieder auf den Weg, der zu Ihrem Auto führt.«

Mir verschlug es schon ziemlich die Sprache. Nicht nur, daß Jan Pinkas und Kornel das Ried wie ihre Westentasche zu kennen schienen! Sie wußten also auch genau, wo ich Jonathan geparkt hatte! Was für Leute – ich wurde nicht schlau aus ihnen.

»Wiedersehen«, sagte ich.

Kornel war schon verschwunden.

Zuerst wollte ich ihn zurückrufen. Ich wollte ihm sagen, daß die Kinder ihn und seinen Vater für unschuldig hielten. Was immer das auch bedeutete. Aber dann rief ich Kornel doch nicht zurück.

Als ich fast einen Kilometer gelaufen war, holte mich die Melodie der Panflöte ein. Ich zweifelte keine Sekunde, daß das ein Spottlied sein sollte. Aber es hörte sich auch ein wenig traurig an.

Glücksbringer! dachte ich. Was ist das eigentlich: ein Glücksbringer? Und was hieß das: Ihr Glück in King Kong's Hand?

Reichlich geschafft kam ich bei meinem Töff an. Jonathan knurrte unwillig, als ich ihn aus seinem Nachmittagsschlaf aufweckte, nachdem ich die Stiefel ausgeleert und unter der Kofferraum-Haube verstaut hatte. Von fern schaute mir ein Mopedfahrer zu, der sich wahrscheinlich keinen Reim darauf machen konnte.

Warum sollte es ihm da besser gehen als mir!

Ich fuhr in Richtung Wilhelmsdorf, weil ich wieder auf einem Umweg nach Reuthweiler kommen wollte. Ich wußte zwar keinen triftigen Grund dafür, aber ich wollte nicht, daß mich jemand aus dem Ried kommen sah.

In Wilhelmsdorf sah ich ein leeres Telefonhäuschen, und das brachte mich auf eine Idee. Moorbadhose oder nicht: Ich stieg schnell aus und wählte die Nummer, die auch mal meine Nummer gewesen war. Eine grenzenlos pomadige Männerstimme verkündete mir, daß ich mit der Kripo in Köln verbunden wäre.

»Ist Kommissar Hauf noch im Hause? Ich muß ihn dringend sprechen.«

»Wie ist Ihr Name?«

»Lucas.«

»Lucas?«

Kaum hatte der Beamte meinen Namen wiederholt, da hörte ich am anderen Ende der Leitung so etwas wie einen Vulkanausbruch. Karl Hauf, mein Kollege aus alten Tagen, war also noch im Büro. Teddybär Hauf, der ein wenig wie ein überfetteter Klavierlehrer aussah und einer der intelligentesten Kriminalisten war, die ich kennengelernt hatte.

»Luc! Ich höre, du bist in der Leitung! Da brennt

doch mal wieder etwas an, ja? Mußt du eigentlich immer Indianer spielen? Wo steckst du überhaupt?«

Ich sagte es ihm.

»Ach, jetzt machst du auch noch die Schwaben verrückt! Warum gehst du nicht mal zu den Eskimos? Die haben wenigstens keine Telefone.«

»Und ob die Eskimos inzwischen Telefone haben! Massenweise!« Ich fütterte den gierigen Automaten unentwegt mit Münzen. »Du, Karl, mal ganz schnell. Schreib mal auf: Jan Pinkas, wahrscheinlich in Ravensburg oder Umgebung zu Hause. Hast du?« Und ohne abzuwarten und auf Karl Haufs Protestgestöhne zu achten, diktierte ich die Autonummer. »Ich ruf dich morgen wieder an. Krieg doch bitte bis dahin raus, wer Jan Pinkas ist.«

»Jan Pinkas ist Jan Pinkas, du Mondkalb!«

»Bißchen mehr müßte ich schon wissen«, lachte ich. »Du kennst das ja.«

»Luc, ich will dir eins sagen, du . . .«

Klick. Der letzte Fünfziger war durch. Eigentlich war das ganz gut so, denn Karl Hauf kann schimpfen und fluchen wie ein irischer Hafenarbeiter.

Die Frau mit der Einkaufstasche, die mich in den Wagen rutschen sah, machte Stielaugen, als wäre ich der Wassermann persönlich. Ich fühlte mich auch so.

Das blasse Abendrot, das sich hinter den Buchen andeutete, verhieß eigentlich etwas Gutes, aber ich war mir da nicht so sicher. In Reuthweiler brummten die Melkmaschinen. Ich bremste scharf, sprang kälteschlotternd aus dem Wagen und flitzte wie ein ertappter Pflaumendieb die Treppe hinauf. Das fehlte noch, daß mich einer in diesem Zustand sah.

Ich hatte offenbar schon genug Aufsehen erregt.

In meinem Zimmerchen pellte ich mir erst einmal das triefende Zeug vom Leib und duschte ausgiebig. Dann wusch ich Hose, Unterzeug, Hemd und Socken mit der Handbrause aus und behängte Schranktüren, Stuhllehne und Kleiderhaken damit. Nachdem ich frische Sachen angezogen hatte, fühlte ich mich wieder halbwegs wie ein Mensch.

An diesem Abend stand niemand am Tresen. Josef Reiser nickte nur einmal kurz zur Tür herein. Seine Frau brachte mir wortkarg das Essen. Es gab Kalbsleber mit Bratkartoffeln und Erbsen. Sie stellte mir ein Bier hin, obwohl ich noch gar keins bestellt hatte.

»Hinterher hätte ich gern ein Kännchen Tee«, sagte ich.

»Tee?« tat sie verwundert.

»Ja, schwarzen Tee. Wenn's geht, mit Zitrone.«

»Zitronen sind nicht im Haus«, antwortete sie, ohne daß sie das zu bedauern schien. »Aber einen Tee kann ich Ihnen machen.« Dann ließ sie mich allein.

Es knackte in der Holzdecke, die Reklamewand-uhr tickte unregelmäßig, in der Ferne pröttelten Mopeds. Ich fühlte mich nicht besonders wohl. Jetzt nicht mehr. Außerdem war der Tee miserabel.

Von der Diele aus telefonierte ich mit dem Rabenhof. Renate war am Apparat. Sie berichtete mir atemlos, daß ihre neue Mathelehrerin eine aus-gemachte Glucke wäre, na ja, und dann wollte sie natürlich wissen, wann ich endlich heimkäme.

»Bald, Nati. Übermorgen vielleicht. Kann ich jetzt mal Do sprechen?«

»Die ist mit Martin ausgeritten. Aber ich soll dir sagen, es wär alles okay. Und weißt du übrigens, was Martin angestellt hat? Also, ich will ja nicht petzen, aber deine Meerschaumpfeife ist durchgebrochen, und Titus sagt, das könnte man nicht mehr reparieren. Und morgen nachmittag, da hab ich mich verabredet . . .« Renate, Weltmeisterin im Telefonieren.

Ich hauchte ihr väterliche Küsse durch die Leitung und ging noch ein paar Schritte spazieren. Albert Sepper stand mit einem Mann in Lederzeug an der Stalltür. Als die beiden mich sahen, drehten sie sich um und verschwanden im Stall.

Auch die Strohhutoma, die in Hoggs Gemüsegarten zwischen den Stauden herumharkte, hatte es plötzlich eilig, ins Haus zu kommen. Es fehlte nur noch, daß die Hunde einen Bogen um mich machten.

Was bedeutete diese Feindseligkeit? Oder hatten die Leute Angst vor mir?

In Seppers Küche klirrte Geschirr. Wie oft hatte ich dort mit den Kindern am Tisch gesessen! Nur wenn es Milchsuppe gab, nahm ich immer Reißaus. In Seppers Milchsuppe schwammen immer so eklige Knubbel.

Das falsche Zeugnis

In dieser Nacht geschah nichts Außergewöhnliches in Reuthweiler. Als ich am anderen Morgen nach Ostrach fuhr, fragte ich mich wieder einmal, ob ich nicht die Flöhe husten hörte, ob ich Gespenster sah, wo keine waren, ob ich Probleme witterte, die vielleicht später wie Seifenblasen zerplatzten. Luc Lucas, der Rächer der Enterbten, der Ritter der Witwen und Waisen, der hehre Streiter für die Gerechtigkeit. Ich lachte mich aus, während das Autoradio Albernheiten dudelte. O-o Bä-i-by Da-ar-liiing... So in dieser Art.

Ich fuhr durch den Tunnel des dicken Eisenbahnwalls und fand, daß der Ort sich kaum verändert hatte. Klar, es gab keine Misthaufen mehr vor den Häusern, und auf dem Kirchturmdach mit den gestuften Zinnen war kein Storchennest mehr. Auch der Eisenbrunnen vor der Schule war weg. Statt des alten Buckelpflasters gab es Parkuhren. Dennoch: Ostrach hatte sein Stadtbild gewahrt. Ich schwelgte eine Weile in dem herb-süßen Gefühl der Erinnerung. Daß ich nicht mehr der Knirps von damals war, machte mich irgendwie ein bißchen traurig.

Vom Postamt aus rief ich in Köln an. Karl Hauf ließ mich lange zappeln. Vermutlich hatte er wichtigere Dinge zu erledigen, als einem privatisierenden Naseweis Informationen zu verschaffen. Doch nach einer Ewigkeit hörte ich endlich sein Schnaufen in der Leitung.

»Du weißt, daß das nicht in Ordnung ist, Luc!« stöhnte er vorwurfsvoll.

»Spuck's schon aus, Karl!«

»Mußt du eigentlich in dieser Wildwestsprache reden?« quälte sich Karl Hauf. »Da gibt's außerdem nicht viel zu spucken. Jan Pinkas ist ein normaler Bürger, ordentlich in Ravensburg gemeldet. Hat auch eine kleine Wohnung. Seine Frau scheint nicht mehr zu leben. Aber da gibt es wohl einen Sohn. Noch was: Pinkas stammt aus Polen. Irgendwo an den masurischen Seen geboren. War dann mehrere Jahre Bauarbeiter, bis er sich an der rechten Schulter verletzte, und fährt nun mit gültiger Lizenz ...«

» ... als Schausteller durchs Land.«

»Zum Teufel, Luc!« fauchte Karl Hauf. »Wenn du schon alles weißt: warum belästigst du mich dann mit deinem Tüttelkram, ha?«

»Irgendwelche Delikte? Vorstrafen oder ...« Nein, ich hätte das besser nicht gefragt.

Mein Ex-Kollege explodierte geradezu. »Du bist mir ja ein schöner Demokrat! Da gehen die Bürger gegen den Datenmißbrauch auf die Barrikaden, da protestieren sie gegen Schnüffelei und Weitergabe von Informationen von Amt zu Amt, gegen Bespitzelungen und Abhörereien und so. Und sie haben verdammt recht damit, Luc! Ein Staat, in dem man Angst haben muß vor Denunzianten und miesen Zuträgern, ist beschissen. Und ausgerechnet du kommst mir mit so einer Frage! Du solltest dich was schämen, alter Freund!«

»Danke für die Belehrung«, sagte ich. Ich meinte es ernst. Manchmal redet man drauflos, bevor man nachgedacht hat.

»Noch eins«, knurrte Karl Hauf, »du solltest auch nicht vergessen, daß du nicht mehr bei der Polizei bist. Und jetzt hör auf, deine Telefongroschen zu verplempern. Schau mal bei mir rein, wenn du nach Köln kommst. Ende.«

»Ende«, sagte auch ich in alter Gewohnheit.

Nur zwei ältere Damen mit den unvermeidlichen Pudeln saßen in dem kleinen Café an der Hauptstraße. Ich bestellte einen Capuccino und dachte über Jan Pinkas und seinen Sohn Kornel nach. Daß Jan, also Hans, ein häufiger Name in Polen ist, war mir klar. Vielleicht war Kornel auch ein polnischer Name. Es konnte ja sein, daß Jan Pinkas seinen Sohn Kornel genannt hatte, weil es da Erinnerungen gab und Heimweh nach der schönen Landschaft Masuren. Ob ihn das Ried an die alte Heimat erinnerte? Ob er herkam, um für ein paar Tage an damals zu denken? Ich war aus ähnlichen Gründen hier ... Was Karl Hauf da von einer Schulterverletzung gesagt hatte: mir war ja auch etwas bei dem Mann im Sumpf aufgefallen. Daß er ein wenig verwachsen wär, hatte ich gedacht.

»Hat der Herr noch einen Wunsch?« fragte das pummelige Mädchen im rosa Kittel.

»Danke, eigentlich nicht. Ich möchte nur noch ein

bißchen nachdenken.«

»Jaja«, stammelte das Mädchen irritiert.

Die zwei Damen starrten mich an, als wäre ich ein Marsmännchen, und fingen an zu tuscheln, und bei der Theke vorn tuschelten sie auch. Komisch, daß es die Leute so verwirrt, wenn man sagt, man möchte nachdenken. Als ob das Denken aus der Mode gekommen wäre.

Natürlich war es ganz und gar kein Zufall, daß ich um ein Uhr über den Parkplatz schlenderte und scheinbar angestrengt die Zeitung studierte, als die Schüler dort auf ihre Schulbusse warteten. Ich hörte ihre Schritte hinter mir, drehte mich aber nicht um. Sie überholte mich, starrte dabei auf die roten Herzen an ihrer Jeans und wußte wohl nicht so recht, wie sie anfangen sollte.

»Ist was?« tat ich erstaunt.

»Nur so«, sagte sie. »Wegen des Zettels, den Sie geschrieben haben . . .«

»Ich habe gestern nachmittag auf euch gewartet. Warum seid ihr nicht gekommen?«

Sie fummelte an ihrer Ponyfrisur herum. »Wir . . . wir dachten, na ja, daß Sie vielleicht ein Polizist oder so wären. So einer in Zivil, der so . . . der so . . .«

»Der so herumschnüffelt, meinst du das?«

Sie hatte jetzt knallrote Ohren und verhängte sie schnell, weil sie es wohl selbst merkte, mit ihren blonden Haaren. Jetzt schaute sie mir voll ins Gesicht. »Kornel hat gesagt, Sie wären kein Polizeimensch. Da dachten wir uns, ja, also, wir dachten uns, daß wir vielleicht doch mit Ihnen sprechen wollen.«

»Albertine!« rief eine Jungenstimme hinter uns. »Albertine, der Bus!«

»Um drei«, sagte ich. »Hinter der Kapelle.«

»Abgemacht!« rief sie und rannte zu den anderen, die sich bei den Bussen drängelten.

Albertine! Also Alberts Tochter. Und sie war schon mehr als doppelt so alt wie der Albert, mit dem ich damals durch die Wälder getrabt war als wilde Reiter auf Steckengäulen. Unwillkürlich mußte ich an Martin und Renate denken.

Ich nahm am Nachmittag den Umweg über Unterweiler und Laubbach und erreichte die Kapelle von Osten her. Es war mir lieber, daß die Leute aus dem Dorf mich nicht sahen. Den Kindern war es vermutlich auch lieber so.

Sie hockten im Gras wie die Indianer beim Kriegsrat: Albertine, dann ein schwarzhaariger Junge im Donald-Duck-T-Shirt und ein stubsnasiger Wuschelkopf mit beschlagenem Cowboygürtel und zahllosen Kratzern an den nackten Beinen. Sie schwiegen mich abwartend an, nicht gerade feindselig, aber besonders fröhlich auch nicht gerade.

»Ich heiße Luc Lucas«, sagte ich und setzte mich zu ihnen auf die Erde.

»Der da heißt Moritz«, sagte Albertine und zeigte auf den Wuschelkopf.

»Ich kann meinen Namen selber sagen«, moserte Moritz.

»Ich heiße Eugen«, sagte der andere.

»Seid ihr die komplette Steinschmeißer-Mannschaft?« fragte ich.

Eugen fuhr hoch. »Wir wollten ja man bloß, daß Sie den Kornel und seinen Vater in Ruhe lassen!«

»Die sind keine Diebe«, sagte Albertine.

Ich verkniff mir mein Grinsen. »Wenn ich wirklich ein Polizeibeamter wär, hätte gerade eure Nachricht mich auf die beiden aufmerksam gemacht. Glaubt ihr mir, mit so einem Wisch könnt ihr erreichen, daß so ein Beamter dann sagt: Die lieben Kinder möchten nicht, daß ich mich um Jan Pinkas und seinen Sohn kümmere, und darum haue ich schnell wieder ab. Reichlich naiv, findet ihr nicht?«

Moritz brach dann das Schweigen. »Ich hab ja gleich gesagt, so'n Zettel nützt gar nichts. Die anderen wollten ...«

Ich unterbrach ihn. »Daß ihr Kornel und seinem Vater helfen wollt, ist mir inzwischen klargeworden. Der Witz ist nur, daß ich keine blasse Ahnung habe, um was es überhaupt geht. Wie wär's denn mit einer Nachhilfestunde in Information, ihr großen Verschwörer?«

Gesenkte Köpfe. Blicke hin und her.

Albertine redete dann. »Erst müssen Sie uns mal sagen, warum Sie überhaupt hier sind. Das ist doch verdächtig, wenn so einer wie Sie ausgerechnet an dem Tag hier aufkreuzt, wo auch Kornel und sein Vater ankommen.«

»Zufall«, sagte ich. »Wenn ihr's niemandem weitersagt, erklär ich euch, warum ich nach Reuthweiler gekommen bin. Was ist?«

»Ehrenwort«, sagte Moritz. Die anderen echoten.

»Ich hab mal hier gelebt«, sagte ich, »hier in Reuthweiler. Bißchen mehr als zwei Jahre. Das war gegen Ende des Krieges, als viele Leute aus den Großstädten in ländliche Gegenden verschickt wurden. Wegen der Bomben, wißt ihr. Evakuieren nannte man das damals. Ich hab mit meiner Mutter und mit meinem Bruder in dem kaputten Speicher gewohnt. Damals, da war das Häuschen noch nicht kaputt, damals fühlte ich mich verdammt wohl hier. Und mit Albertines Vater war ich dick befreundet.«

»Mööönsch!« staunte Albertine.

»Ich bin nur auf der Durchreise. Nostalgie, weiter nichts. Und das Ried wollte ich mal von nahem sehen. Wir Kinder waren damals immer vor dem gefährlichen Moor gewarnt worden.«

»Aber . . . aber warum besuchen Sie meinen Vater denn nicht?« fragte Albertine und verdrehte verständnislos ihre Arme. »Er würde sich bestimmt freuen.«

»Vielleicht«, gab ich zu bedenken, »vielleicht auch nicht. Nach so langer Zeit haben wir uns vermutlich gar nichts mehr zu sagen und wissen nicht mal, ob wir uns mit du oder mit Sie anreden sollen. So etwas kann sehr peinlich sein, glaubt mir.«

»Aber, na ja . . .« Eugen redete nicht weiter.

»Wir hatten gedacht, Sie wollten Kornel und seinem Vater was anhängen«, sagte Moritz leise.

Ich sagte: »Vergeßt euer Ehrenwort nicht. Klar?«

»Klar«, sagten die beiden Jungen. Erst nach einer Weile nickte Albertine.

Ich spürte: sie wollte etwas sagen. Vielleicht wollte sie fragen, wie das früher alles gewesen war und was ich jetzt machte und wo ich wohnte – und was für ein Mensch ihr Vater früher gewesen war. Aber sie fragte nicht.

Eugen stocherte mit einem Stock Muster in den Boden, Moritz zerpflückte Gräser zwischen den Fingern. Albertine war offenbar mit ihren Gedanken ganz weit weg.

»Wollten wir nicht was miteinander besprechen?« erinnerte ich.

Moritz erzählte dann die Geschichte von Jan und Kornel Pinkas und den Leuten von Reuthweiler. Es war keine lustige Geschichte. Wie immer, wenn erwachsene Leute sich hassen, müssen die Kinder darunter leiden. Warum sollte es in Reuthweiler anders sein als sonstwo in der Welt!

Vor einem Jahr genau hatte es angefangen. Es war auch Frühling gewesen, und eines Tages war der bunte Wagen ins Dorf gerollt und hatte auf dem Platz geparkt, wo Auer, der Wucherer, seinen Hof gehabt hatte. Jan wollte das Ried durchwandern und machte am Abend seine Späße. Kornel, der Flötenbläser, freundete sich schnell mit den Kindern an. Sie hörten ihm zu, wenn er erzählte. Sie lauschten, wenn er seine Melodien spielte. Sie paßten auf, wenn er ihnen zeigte, wie man sich Panflöten schnitt. Sie wollten ihn für immer bei sich behalten, aber er sagte, sie wären fahrendes Volk, Jan Pinkas und er.

Fahrendes Volk: kann man solchen Leuten trauen? Warum sind die Jungen und Mädchen immer mit diesem Kornel zusammen, der mit seiner Flöte wie der Rattenfänger von Hameln lockt? Und daß Albertine so freundlich mit ihm tut, das kann doch nicht gut sein. Sie soll mal einen soliden Jungen mit guten Berufsaussichten als Freund haben, nicht so einen Luftikus, der nichts ist als ein Herumtreiber, ein Habenichts. Hinterher verliebt sie sich noch in den!

»Der Kornel ist knorke«, sagte Moritz, »und sein

Vater auch. Was die erzählen können!«

Albertine sagte: »Unsere Eltern haben uns voriges Jahr verboten, mit Kornel zusammen zu sein. Aber das war ungerecht. Die können nicht einfach so etwas verbieten! Die kannten den Kornel ja gar nicht!« Albertine wirkte plötzlich zornig wie eine Rachegöttin.

»Vorurteile!« knurrte Eugen.

»Wir haben uns dann heimlich mit Kornel getroffen«, sagte Moritz. »Unten an der Brücke. Oder am Waldrand.«

»Aber die haben's dann rausgekriegt. Der Eugen ist sogar verprügelt worden von seinem Vater.«

Albertine preßte die Hände gegen ihre Backen. »Meine Mutter hat geschimpft, ich sollte mich bloß nicht einlassen mit so einem Landstreicher. Aber das ist gemein. Der Kornel ist kein Landstreicher.«

»Die Leute haben auch gesagt, so Schausteller, die von Kirmes zu Kirmes ziehen, die wären auch alle Diebe. Die klauten, was ihnen so in die Finger käme.« Eugen versuchte zu lachen. »Dann ist es ja auch passiert!«

»Der Kornel ist kein Dieb!« schrie Albertine.

»Der ist unschuldig«, sagte Eugen, »und sein Vater auch. Da wette ich meinen Bandwurm gegen zehn Krokodile. Bloß daß dann eines Nachts Albertines Pelzjacke gestohlen wurde, und Albertines Mutter hat bei der Polizei ausgesagt, sie hätte Jan Pinkas beobachtet, wie er grad aus dem Fenster im ersten Stock gestiegen wär und sich in den Kirschbaum geschwungen hätte.«

Moritz biß sich auf die Unterlippe.

»Man hat dann die Pelzjacke bei Jan Pinkas im

Wagen gefunden.«

»Nicht *im* Wagen«, widersprach Eugen. *»Auf* dem Wagen lag sie. Obendrauf.«

»Ist doch egal«, sagte Moritz. »Jedenfalls hat man sie bei ihm gefunden.«

»Aber der Kornel und sein Vater, die sind trotzdem keine Diebe! Und wenn man tausendmal die Pelzjacke da gefunden hat!« Albertine hatte die Fäuste geballt und trommelte auf ihren Oberschenkeln herum. Ihre Augen waren zornig und traurig.

Ich fragte: »Was hat Herr Pinkas denn zu den Vorwürfen gesagt?«

»Nichts«, sagte Moritz. »Das ist ja das Komische. Er hat einfach geschwiegen. Hat gelächelt und nichts gesagt. Am Kirschbaum hat die Polizei ja auch Spuren gefunden. Ich mein, da war so was von der Rinde abgebröckelt. Und Kratzer und so.«

Eugen knetete seine Hände. »Wir glauben trotzdem nicht, daß Jan Pinkas gestohlen hat. Der Kornel hat auch gesagt, nie im Leben wär sein Vater ein Dieb. Und für diese Beleidigung gäb's Rache, das ließen sie nicht auf sich sitzen. Schon wegen der Ehre, hat Kornel gesagt.«

Ich dachte: Warum hat Jan Pinkas geschwiegen? Er hat gelächelt und geschwiegen. Die entscheidende Frage ist: Warum hat er das getan?

Albertine sagte leise: »Wir sind jetzt ganz durcheinander. Die Leute hier im Dorf hassen den Jan Pinkas und den Kornel. Und der Kornel hat uns gestern abend gesagt, sein Vater würde die Leute aus Reuthweiler hassen. Aber wir, wir hängen jetzt dazwischen und wissen gar nicht, was wir tun sollen.«

»Wir haben uns heimlich mit Kornel getroffen«, erklärte Moritz. »Unsere Eltern haben uns ja verboten, daß . . .«

Seine Stimme plätscherte aus, als würde der Wasserhahn eines Gartenschlauches abgedreht. Ich fühlte, wie ratlos die Kinder waren. Daß sie mit mir redeten, daß sie mich – den Fremden – ins Vertrauen zogen, bedeutete doch nichts anderes, als daß sie Hilfe brauchten. Ja, und sie hatten Angst. *Wir sind jetzt ganz durcheinander:* Ich verstand, was Albertine sagen wollte. Sie und die Jungen standen zwischen ihren Eltern und ihren Freunden.

»Tarzan mag Jan Pinkas auch leiden. Der kann mit allen Tieren unheimlich gut umgehen, der Herr Pinkas. Wenn Tarzan einen Menschen leiden kann, dann ist der auch knorke. Aber echt!«

»Tarzan ist Albertines Hund«, erklärte Eugen.

»Ich weiß«, lachte ich, »so ein gefährlich großer Bluthund.«

Da lachten die drei auch.

Natürlich wußte ich jetzt, warum die Hunde in der Nacht nicht gebellt hatten. Wenn sie damals, vor einem Jahr, auch nicht gebellt hatten: was hatte Albertines Mutter denn in der Nacht geweckt? Jedenfalls hatte Frau Sepper angeblich Jan Pinkas erkannt, wie er sich aus dem Fenster schwang und in einen Kirschbaum stieg.

Aber da stimmte doch etwas nicht!

»Der mag nicht nur Hunde, der Jan Pinkas. Der hat . . .«

Albertine kam nicht weiter, weil Moritz ihr mit einer blitzschnellen Bewegung die Hand auf den Mund legte. Also noch mehr Geheimnisse! Ich stöhnte ein bißchen und wartete ab, daß Albertines Ohren – wieder einmal – aufhörten zu glühen.

Plötzlich eine scharfe Stimme hinter meinem Rücken. »Albertine! Aber schnell!«

Ich fuhr erschreckt herum. Frau Sepper stand an der Kapellenwand. Ihr Gesicht war ausdruckslos, aber vielleicht war es das gerade, was sie so hart erscheinen ließ. Kälte ging von ihr aus, jedenfalls empfand ich das so.

»Ich . . . ich muß . . .« Albertine sprang verwirrt auf. »Ich muß beim Backen helfen!« Mit gesenktem Kopf lief sie zu ihrer Mutter hinüber.

Auch die Jungen hatten es mit einem Male schrecklich eilig. Eugen erinnerte sich, daß da noch ein Kälberstall auszumisten wäre, und Moritz hatte es ganz vergessen, daß er seinem Vater das Vesperbrot aufs Feld bringen müßte.

Ich kam mir reichlich bedeppert vor, als ich später ins Dorf hinunter ging. Wie ein Gast kam ich mir vor, der gleichzeitig ins Haus geladen und zum Teufel gewünscht wird.

Der Kirschbaum war voll winziger Knospen. Hühner hatten sich an seinem Fuß Staubkuhlen gescharrt. Ich erkannte das Fenster zu Albertines Zimmer sofort. Auf der Fensterbank hielt ein Stoffigel im Matrosenanzug Wache, an die Scheiben waren goldene Sterne geklebt.

Nein, natürlich konnte das alles nicht stimmen! Selbst wenn sich tatsächlich ein trainierter Turner vom Fensterbrett aus in den Kirschbaum schwingen könnte: der Sprung vom Geäst des Baumes in das Zimmer hinein wäre unmöglich gewesen. Wie also sollte Jan Pinkas wohl ins Haus gelangt sein, wenn nicht auf diesem Weg? Ich schaute mir auch genau die dünnen Äste an, die vom Fenster aus erreichbar waren. Nein, die trugen keinen Mann, niemals! Kirschbaumäste sind ohnehin nicht besonders belastbar, davon zeugen Hunderte schwerer Unfälle in jedem Jahr.

Noch etwas fiel mir ein: Jan Pinkas hatte eine Armverletzung. Wie sollte er da den Dschungelmenschen spielen und sich von Ast zu Ast schwingen! Nichts stimmte, aber Jan Pinkas hatte zu dem schlimmen Verdacht geschwiegen ...

Völlig idiotisch wäre es auch gewesen, eine Pelzjacke zu stehlen und sie dann aufs Autodach zu werfen, wo jeder Windstoß sie runterpusten konnte und wo man sie bei Tageslicht von den Fenstern aus sehen konnte. Als ob Jan Pinkas nicht ein besseres Versteck gewußt hätte!

Ein starkmotoriger Ferguson-Traktor dröhnte ins Dorf. Ich erkannte Albert Sepper am Steuer. Anscheinend hatte er Kunstdünger geladen. Er starrte geradeaus.

In diesem Augenblick war ich stark versucht, stehenden Fußes meine Gasthofrechnung zu bezahlen, Jonathan die Sporen zu geben und ganz schnell nach Hause zu fahren. Wahrscheinlich war es der Gedanke an die drei Kinder und an den Mann, der da draußen mit seinem Sohn auf der Insel im Ried hauste und voll Haß war, der mich zum Bleiben zwang. Nur hatte ich keine Lust, mich an diesem Abend wieder in der öden Wirtsstube zu langweilen, weil ja doch keine Gäste kamen, wenn ich da war. Ich ließ mir darum von Frau Reiser einen Hausschlüssel geben, murmelte etwas von einem alten

Freund in Saulgau und daß es spät werden könnte. Dann fuhr ich aus dem Dorf.

Ich fuhr auch nach Saulgau, wo ich ein hervorragendes Restaurant kannte, leistete mir ein fürstliches Abendessen, rauchte eine Brasilzigarre zum Mokka und entspannte mich, so gut das ging. Ich blätterte auch ein wenig in der Zeitung herum, die ich am Vormittag schon gelesen hatte, und da fiel mein Blick auf das Foto, das so etwas wie eine chaotische Baustelle zeigte: *Vorbereitungen zur Nördlinger Maikirmes in vollem Gange.*

Es wurde höchste Zeit für Jan Pinkas, falls er wirklich noch etwas plante, bevor er weiterfuhr.

Wie ein böser Zwerg

Wenn man die Dunkelheit nicht fürchtet, wenn man die Sinne ganz weit öffnet für die flüsternden Geräusche, für die Farbschattierungen im tintigen Schwarz, für die Gerüche, die aus den Äckern und aus den Gärten aufsteigen und von der Zugluft vermischt werden: dann kann man den ganzen Zauber erfahren, der von einer Frühlingsnacht ausgeht. Sternschnuppen jagen über den weiten Himmel, Unken rufen sich mit Glockenklingen, unentwegt huscht irgend etwas durch das hohe Gras.

Ein Dorf ist dann wie ein riesiges müdes Tier, das nacheinander blinzelnd die Augen schließt, wenn da und dann dort das Licht in einem Fenster erlischt. Das große Tier atmet hörbar aus, bevor es in Schlaf fällt.

Ich wehrte mich heftig gegen die Verzauberung. Denn ich saß nicht hier am Zaun des Gemüsegartens, um die laue Nacht anzuschwärmen. Außerdem war sie nicht lau, sondern empfindlich kühl. Jedenfalls mußte das einer fühlen, der reglos dahockte und auf ein Ereignis wartete, das es vermutlich nur in seiner Phantasie gab.

Eine Zeitlang hatte mir eine dicke weiße Katze Gesellschaft geleistet. Vielleicht war es auch ein Kater. Ließ sich kraulen, rieb behaglich den Kopf an meinen Knien, schnurrte sein Nachtlied herunter – und widmete sich dann der Mäusejagd.

Wie viele Nachtstunden hatte ich während meiner Zeit bei der Kripo mit Warten verbracht! Nein, das war nichts Neues für mich. Gespannt sein, ohne dabei zu verkrampfen. Die Gedanken machen sich selbständig, aber sie kommen sofort zurück, wenn da etwas geschieht, das nicht ins Bild paßt, ob das eine Bewegung ist, ein Laut oder auch nur eine Ahnung. Man darf sich nicht narren lassen, sonst verliert man leicht die Nerven.

Ich empfand, wie üblich, Heimweh nach dem Rabenhof, nach Do und den Kindern, nach unseren Tieren und natürlich nach Titus, unserem bärbeißigen Stallmeister, ohne dessen Erfahrung wir hilflos wären. Ob schon alle schliefen?

Mitternacht war längst vorüber. Fröstelnd zog ich meinen Mantel enger um die Schultern. In den angewinkelten Beinen staute sich kribbelnd das Blut. Der milchige Schein am Nachthimmel zeigte die Stelle an, wo hinter den Hügeln Ostrach lag.

Dann sah ich den Zwerg.

Zuerst traute ich im Sinne des Wortes meinen Augen nicht. Rumpelstilzchen hüpfte durch den Garten, führte bizarre Tänze auf, feierte ein lautloses Vergnügen, überschlug sich dabei fast in der Luft.

So etwas gab es doch nicht!

Ich rieb mir die Augen noch und noch und spürte,

wie mein Herzschlag ein irres Tempo vorlegte. Ja, ich gestehe es ein, ich hatte Angst.

Die gnomenhafte Gestalt, nur schemenhaft erkennbar, aber deutlich in den Konturen vor dem Nachthimmel, war klein wie ein Kindergartenkind, aber breitschultrig und von schier unnatürlicher Behendigkeit. Ein tanzender Troll, dem Märchen entsprungen.

Das seltsame Wesen bewegte sich auf Seppers Haus zu, schwang sich ohne Anlauf über den brusthohen Jägerzaun und huschte dann geduckt auf allen vieren zum Kirschbaum hinüber. Mit katzenhafter Geschmeidigkeit turnte es am Stamm hoch, schaukelte von Ast zu Ast, hangelte dann an einem Zweig entlang, der zu einem der Fenster führte. Es war nicht Albertines Fenster.

Anscheinend legte der Zwerg dort etwas auf das Fensterbrett.

Ich konnte es auf die Entfernung und bei dem spärlichen Licht nicht erkennen. Etwas Weißes schien es zu sein. Ein Blatt Papier?

Ich hörte von irgendwoher einen leisen Pfiff. Der Zwerg kam wie ein artistischer Clown abwärts geturnt und verursachte dabei kaum ein Geräusch. Natürlich war ich längst auf den Beinen, merkte aber, wie unbeweglich ich war, weil mir die Füße eingeschlafen waren.

Der Zwerg kam genau auf mich zu.

Es ist zwar eine Redensart, aber mir stockte in der Tat der Atem. Noch acht, fünf, drei Sprünge war der Zwerg von mir entfernt. Ich riß die Taschenlampe hoch, blendete auf und hielt den linken Arm zur Verteidigung ausgestreckt. Es ging blitzschnell.

Der Zwerg sprang mich an.

Wahrscheinlich habe ich irgendwas geschrien, ich weiß es nicht. Im weißen Strahl der Blendlampe sah ich einen haarigen Kopf. Ich starrte in sein Gesicht, das uralt aussah und wie ein Totenkopf grinste.

Und dann begriff ich, daß ich einen Affen auf dem Arm hielt, der mich freundschaftlich anfiepste und mir mit seinen schrumpeligen Fingern an der Nase fummelte.

Vermutlich habe ich in diesem Moment das blödeste Gesicht der Welt gemacht. Luc Lucas, der große Wächter in der Nacht, mit einem Affen auf dem Arm!

Das Tier schmatzte mir einen zärtlichen und sehr feuchten Kuß zwischen die Augen.

Es raschelte in den Stachelbeersträuchern, eine lange und sehr dünne Gestalt baute sich vor mir auf. Jan Pinkas kicherte: »Sind Sie nun zufrieden, Sie neugieriger Schnüffler? Begreifen Sie jetzt endlich, was damals passiert ist?«

Ja, ich begriff. Langsam nur, denn der Schreck steckte mir noch lähmend in den Gliedern. Aber ich begriff.

In Seppers Haus ging das Licht an. Eine Frauenstimme schrie schrill. Nun kläffte auch Tarzan, der Hundewinzling. Rufe, Türenklappern.

»Aber . . . aber warum haben Sie damals nicht . . .«

»Kein Wort zu den Leuten!« zischte Jan Pinkas. »Hören Sie? Erzählen Sie denen nichts von dem Affen. Kommen Sie ins Ried raus, ich erklär Ihnen alles.« Er langte sich den Affen rüber, setzte ihn auf seine Schulter, und dann tauchte der lange Mann, auf diese Weise noch ins Übergroße verzerrt, in die Dunkelheit ein und war verschwunden, noch bevor ich den Mund wieder zumachen konnte.

Aufgeregte Stimmen drangen vom Hof herüber. Auch in anderen Häusern war es laut geworden. Kühe brummten unwillig. Tarzans Gekläff löste ein Konzert aus.

Der überstandene Schrecken, der Lärm und die Lichter machten mich wohl taub für das, was hinter mir geschah. Bevor ich herumfahren konnte, knallte mir ein mörderischer Schlag gegen den Schädel, daß der Sternenhimmel sein Geflimmer verdreifachte. Eine Zaunlatte? Ein Schmiedehammer? Eine Dampframme?

Ich riß Zweige mit, kriegte Gras in den Mund und pflügte mit dem Gesicht die Gartenerde.

Eine Männerstimme rief: »Wir haben dem Schnüffler eine verpaßt!« Dann hörte ich gar nichts mehr. Undeutlich geisterte mir noch der Gedanke durchs Hirn, daß ich das Wort Schnüffler allmählich nicht mehr hören konnte, daß es mir – kurz gesagt – zum Hals raushing. Ich würgte ekligen Magensaft hoch. Dann fiel ich tiefer und tiefer.

Als ich endlich auf die Knie kam, hatte ich das Gefühl, für Stunden weggetreten gewesen zu sein. Wahrscheinlich waren es nur Sekunden gewesen, höchstens Minuten. Wenn ich den Hals bewegte, schossen mir Nadelstiche ins Gehirn. Behutsam tastete ich die Schwellung ab. Nein, da blutete nichts. Aber war dieses dröhnende Ding überhaupt mein Kopf? Die Umrisse der Häuser sah ich nur verschwommen, die Lichter zerrannen zu unförmigen Spiegeleiern. Das Bellen, das Gerufe: alles schrille

Töne, die mir den schmerzenden Schädel zu sprengen drohten.

Steh auf! befahl ich mir. Lauf los! Beweg dich!

Leicht gedacht, schwer getan. Ich setzte wie ein Betrunkener Fuß vor Fuß, stützte mich am Zaun ab, faßte dabei in dornige Sträucher. Niemand kümmerte sich um mich. Es war eine unwirkliche Szene.

Irgendwann erreichte ich das Wirtshaus, irgendwann schaffte ich die steile Stiege, irgendwann hielt ich den Kopf unter den Wasserhahn, bevor ich mich übergab.

Als ich aufwachte, war es hell im Zimmer. Zuerst glaubte ich, daß es schon Mittag wäre, aber die Uhr zeigte erst neun. Ich blieb reglos liegen und ordnete meine Gedanken. Ein dumpfer Schmerz rumorte im Kopf und hatte hinter den Augen so etwas wie Knoten gebildet. Liegenbleiben, dachte ich, einfach liegenbleiben. Vermutlich war es der Zorn, der mich aus dem Bett trieb.

Dann sah ich den Zettel.

Sie hatten ihn mir in der Nacht in irgendeine Tasche gesteckt, und dann war er auf den Boden gefallen. Ohne Zweifel war es die Nachricht, die der Affe auf dem Fenstersims hingelegt hatte. *Du sollst kein falsches Zeugnis geben wider deinen Nächsten!*

Ich duschte heiß und dann kalt und dann noch einmal heiß und noch einmal kalt ... Das Blut begann wieder normal zu zirkulieren. Die Gedanken funktionierten wieder. Aber müde fühlte ich mich, grenzenlos müde.

Ich zog meine Leinenhose an, krabbelte mühsam in einen Baumwollpulli und nahm die Windjacke vom Haken. Trotz allem mußte ich unwillkürlich grinsen, als ich in die Gaststube kam. Das Frühstück stand auf dem Tisch, der Kaffee war kalt – und neben dem Teller lag meine Rechnung.

O nein, dachte ich, ich bin noch nicht fertig mit diesem Dorf. Da ist noch eine andere Rechnung offen.

Ich trank den Kaffee, goß gierig nach. Widerwillig würgte ich einen Bissen Brot hinunter. Die Rechnung ließ ich einfach liegen.

Frau Reiser ließ sich nicht sehen. Das ganze Dorf wirkte wie ausgestorben, dabei war ich mir sicher, daß mir viele Augen folgten, als ich zum Waldrand hinauf ging, wo ich am Abend vorher meinen Wagen abgestellt hatte. Es war wieder ein sonniger Tag. Mit geöffneten Seitenfenstern fuhr ich langsam in Richtung Königseggwald und rollte weiter über Riedhausen dem Sumpfland zu. Der Fahrtwind tat mir gut. Ich drehte am Autoradio herum, bis ich heitere Flötenmusik erwischte. Vivaldi vermutlich. Die Panflöte fiel mir ein.

Harte Gräser schrappten unter dem Wagen, als ich an der Ach entlangfuhr. Wasserhühner stürzten sich Hals über Kopf ins schützende Naß. Am Horizont stieg eine Gabelweihe auf und ließ sich vom Wind entführen. Wirklich, es war ein schöner Morgen.

Die letzten hundert Schritte ging ich zu Fuß. Jan Pinkas hockte gekrümmt an der kleinen Feuerstelle und blies in die Glut. Kornel putzte mit einem großen roten Schwamm den bunten Wagen blank. Hinter der Fensterscheibe grinste der Affe und winkte mir beidhändig zu.

»Guten Morgen!« rief Jan Pinkas, ohne sich

umzudrehen. »Wie fühlen Sie sich?«

Ich hörte es aus seinen Worten, daß er genau wußte, was mir in der Nacht passiert war. Sollte aus diesem Mann schlau werden, wer wollte! Ich hatte es längst aufgegeben.

Kornel unterbrach seine Arbeit. »Möchten Sie eine Tasse Brombeerblättertee? Ist noch schön heiß!«

»Danke«, sagte ich.

Kornel merkte wohl, daß das ja heißen sollte. Er holte einen Emaillebecher unter dem Wagen hervor und nahm die große Kanne vom Rost. Der Affe klopfte an die Scheibe und zeigte alle seine Zähne. »Bitte«, sagte Kornel und hielt mir das dampfende Gesöff hin. Ich schlürfte fast gierig. Der bittere Trank lief mir wohlig durch den Schlund.

»Wollen Sie sich nicht setzen?« Jan Pinkas streckte einladend den Arm aus.

Ich setzte mich auf der anderen Seite des Feuers ins Gras. Eine dünne Flamme züngelte hoch. Jan Pinkas warf Kräuter hinein. Es duftete wie Weihrauch.

Er sagte: »Es tut mir leid für Sie. Wirklich. Ich hätte nicht gedacht, daß diese Leute gewalttätig werden würden. Nein, das hatte ich nicht gedacht. Andererseits, nach allem, was geschehen ist ... Vielleicht sollte man jedem Menschen Gewalttätigkeit zutrauen. Besonders, wenn einer ein schlechtes Gewissen hat ...« Sein Gesicht wirkte mit einem Male viel älter.

Ich mag das nicht, wenn jemand in Rätseln spricht. Allmählich sollten wir wirklich zur Sache kommen, dachte ich. Er schien meine Gedanken zu lesen.

»Warum mischen Sie sich eigentlich in Sachen ein, die Sie doch absolut nichts angehen?« Seine Frage klang nicht unfreundlich, eher verwundert.

Wie oft ich diese Frage schon gehört hatte!

»Noch Tee?« wollte Kornel wissen.

Ich nickte.

Der Unglücksbringer

»Sie lieben das Ried auch«, sagte Jan Pinkas. Es war keine Frage, es war eine Feststellung.

»Ja, es ist eine unwiderstehlich reizvolle Landschaft. Ich hab mich schon als Kind in das Ried vernarrt.«

»Für mich birgt diese Landschaft auch Erinnerungen, allerdings ganz andere.« Er nahm den Kopf zwischen die Hände und summte leise vor sich hin.

»Sie erinnert an Masuren. Habe ich recht?«

Jan Pinkas fuhr hoch und starrte mich verblüfft an. Es machte mir Spaß, daß ich ihn zur Abwechslung einmal in Erstaunen versetzte. Verdammt, warum fragte er nicht, woher ich meine Information hatte?

Er sagte: »Wir waren nach Reuthweiler gekommen, um hier ein paar Tage auszuspannen. Wie im letzten Jahr wollten wir zur Maikirmes nach Nördlingen. Das ist für Schausteller immer ein gutes Geschäft. Ein bißchen fischen wollte ich, ein bißchen herumwandern mit Kornel. Und um ganz ehrlich zu sein: Ich suchte auch ein wenig Kontakt mit den Menschen. Man braucht das, wenn man dauernd unterwegs ist. Es ist nicht gut, wenn man immer nur fremde Gesichter sieht, die man im nächsten Augenblick schon vergessen hat.« Jan Pinkas beugte sich vor und flüsterte, damit Kornel es nicht hören konnte: »Besonders für den Jungen ist es wichtig, daß er Freunde findet. Er ist so in sich gekehrt, daß ich manchmal erschrecke. Hat ja nur mich komischen alten Kauz. Die Kinder in Reuthweiler mochten ihn sofort. Kornel lebte auf, war fröhlich, redete, spielte mit ihnen – ich kannte ihn kaum wieder. Mit allen Tieren schlossen wir Freundschaft. Bloß die Erwachsenen, die schnitten uns. Wenn ich grüßte, grüßten sie nicht zurück. Ich konnte sehen, wie sie über mich redeten. Fahrendes Volk! Schausteller, Zigeuner, Nichtseßhafte: solche Leute sind doch verdächtig. Die sind doch nicht normal!« Er schrie jetzt fast.

»Was reden Sie«, widersprach ich. »Wir leben doch nicht im Mittelalter!«

Jan Pinkas meckerte los mit seinem Ziegenbockgelächter. Der Affe trommelte wild gegen das Fenster. Kornel leerte klatschend den Wassereimer gegen das Autoblech.

»Nicht im Mittelalter! Daß ich nicht lache! Sie verboten ihren Kindern den Umgang mit Kornel, weil der so einen stechenden Blick hätte. Hören Sie: einen stechenden Blick! Sie wollten uns rausekeln aus dem Dorf. Nicht einmal Wasser wollten sie uns geben. Und einer wie ich, der keine richtige Arbeit hätte, der würde bestimmt auch stehlen. Und die Tiere hätte ich auch alle verhext!«

»Ist ja gut, Vater«, versuchte Kornel zu beruhigen, »ist ja gut. Wir fahren ja heute weiter.«

»Nichts ist gut!« entgegnete Jan Pinkas hart. »Auch ein Schausteller hat seine Ehre. Ich werde wiederkommen und wiederkommen, bis sie zugeben, daß sie gelogen haben. Ich werde keine Ruhe geben. Wie ein Verbrecher habe ich vor dem Richter gestanden. Drei Monate auf Bewährung, weil ich ein Ersttäter wär. Ein *Ersttäter*, wie das klingt, wie sich das anhört! Die zwei Frauen haben bezeugt, sie hätten gesehen, wie ich aus dem Zimmer des Mädchens geklettert wär. Ich ein Dieb! Die Polizei hat ihren Falschaussagen geglaubt!« Jan Pinkas preßte seine Finger gegen die Schläfen. Er hatte schöne Hände.

Wie sollte ich das alles begreifen! »Warum, zum Teufel, haben Sie denn nicht erklärt, wie das wirklich gewesen ist? Warum haben Sie den Leuten und der Polizei denn nicht bewiesen, daß nicht Sie bei Albertine eingestiegen sind, sondern der Affe? Daß er die Pelzjacke gemopst hatte . . .«

»King-Kong«, lächelte Jan Pinkas.

Er sagte den Namen ganz zärtlich. Er sagte nicht King *Kong*, wie der Monsteraffe im Fernsehen hieß, sondern King-Kong, das klang wie Ping-Pong.

Kornel hatte sich zu uns ans Feuer gekniet. »Das ging nicht. Wir durften nicht verraten, daß King-Kong schon wieder geklaut hatte. Sie hat das schon öfter gemacht.«

»Sie?« fragte ich.

»King-Kong ist eine Schimpansendame«, erklärte Jan Pinkas, »sie klaut auch nicht: sie sammelt.«

Kornel sah wohl, daß ich das nicht richtig verstand.

»Das ist bei ihr so wie bei vielen Hunden, die gern irgendwelche Kleidungsstücke von den Menschen, zu denen sie gehören, an ihren Schlafplatz schleppen. Socken oder Pullover oder so. Irgendwas Weiches. Das haben sie gern. Möglichst mit viel Gerüchen drin. King-Kong mag Albertine besonders gern. Darum hat sie sich die Pelzjacke stibitzt. Und weil sie weiß, daß wir mit ihr schimpfen, hat sie die Jacke nicht mit in den Wagen gebracht, sondern einfach aufs Dach gelegt. Wir wußten das nicht. Wir hatten ja nicht gemerkt, daß sie wieder mal ausgebüxt war.«

Ich erfuhr eine Menge über die eigenwillige Schimpansendame, die eigentlich die Attraktion des Kirmesstandes von Jan und Kornel Pinkas war. Sie war es nämlich, die das Glücksrad drehte und den Leuten Kärtchen überreichte, von denen sie ihre Zukunftsaussichten ablesen konnten. King-Kong brachte im Grunde den Umsatz.

Allerdings gab es da diese verrückte Angewohnheit, daß sie Leuten, die ihr sympathisch waren, irgendwelche Sachen wegnahm. In Biberach hatte sie einem Mann das Toupet vom Glatzkopf geklaut, in Sindelfingen war sie einer Frau an den Busen gegangen, weil ihr deren Nerzstola so sehr gefiel, in Stuttgart hatte King-Kong einem Mädchen den Dauerlutscher aus dem Mund gerissen, und das Kind hatte geplärrt, und die Mutter war fast in Ohnmacht gefallen . . .

Jan Pinkas sagte: »Wir sind verwarnt worden. Wenn noch mal was passierte, hat man uns gedroht, würden wir die Lizenz für King-Kong verlieren. Was sollen wir denn dann bloß machen?«

Kein Zweifel, die beiden hingen an ihrer Schimpansin, und außerdem war ihr Kirmesunternehmen ohne den Affen keinen Pfifferling mehr wert. Ich verstand jetzt, warum Jan Pinkas nichts von King-Kongs nächtlichen Ausflügen verraten durfte.

Ich brannte mir ein Zigarillo an. Jan Pinkas wollte keins. Er zog eine Pfeife aus der Jackentasche und stopfte sie gemächlich. Kornel zupfte ein brennendes Hölzchen aus dem Feuer und reichte es seinem Vater.

»Nur die Kinder im Dorf wußten, daß King-Kong bei uns war. Sie kamen heimlich und brachten Nüsse und Äpfel und Bananen mit. Sie hatten ja geschworen, daß sie nichts verraten würden.«

»Genau«, bestätigte Kornel eifrig. »Sie haben ja auch nichts verraten.«

»Die Kinder haben zu uns gehalten«, sagte Jan Pinkas. Er paffte, bis die Pfeife richtig zog. »Nachts bin ich immer mit King-Kong spazierengegangen. Na ja, und einmal ist sie einfach abgehauen.«

»Soll ich sie mal etwas rauslassen?« fragte Kornel fast bittend.

»Wenn es Ihnen nichts macht«, lächelte Jan Pinkas und kniff die Augen zusammen.

»Jetzt macht es mir nichts mehr«, lachte ich. »Ich hab ja inzwischen die Bekanntschaft dieser Dame gemacht. Donnerlüttjen, Sie haben mir einen schönen Schrecken eingejagt letzte Nacht!«

»Das wollte ich auch. Sie sollten sich raushalten. Diese Sache geht nur die Leute von Reuthweiler und mich etwas an. Aber weil Sie nicht aufhörten . . .«

» . . . zu schnüffeln . . .«, redete ich für ihn weiter. Ich zog den Zettel aus der Tasche und steckte ihn ins

Feuer. Er flammte zwar schnell auf, aber die Schrift war auf dem verkohlten Papier deutlich zu lesen: *Du sollst kein falsches Zeugnis geben wider deinen* Nächsten!

»Ich werde ihnen mit diesem Satz so lange auf die Nerven fallen, bis sie ihre Ausagen widerrufen.« Jan Pinkas war jetzt sehr ernst.

King-Kong kam schnatternd und schwadronierend aus dem Wagenschlag gepurzelt und griff erst einmal nach meinem Zigarillo.

»Na bitte!« stöhnte Jan Pinkas.

»Schäm dich!« rief Kornel.

Als er ihr mit dem Finger drohte, hielt sich die Affendame die Augen zu und setzte sich neben mich ins Gras, luchste ein bißchen, blinzelte verschwörerisch, schmatzte und lehnte sich an mich. Daß sie sich sogar ans Feuer traute!

Ich mußte laut lachen. King-Kong lachte mit.

Wahrscheinlich war es für Jan Pinkas gut, daß er diese Geschichte jemandem erzählen konnte. Vielleicht litt er genau wie Kornel darunter, daß sie im Grunde nie richtig Kontakt zu anderen Menschen bekamen, obwohl sich auf der Kirmes die Leute bestimmt vor ihrem Stand drängelten, um King-Kong, die Glücksbringerin, zu sehen.

»Da war noch etwas«, sagte Jan Pinkas nach einigen Minuten, »das passierte an dem Tag, bevor die Polizei uns aus dem Dorf holte . . .«

Sonntagnachmittag war es gewesen. Irgend etwas wurde wohl gefeiert. Die Leute hatten getrunken, waren überdreht, waren wohl auch ein bißchen angriffslustig. Und der Wagen dieser verdächtigen Schausteller stand noch immer im Dorf. Die Mopedfahrer hatten ihn lärmend umkreist, gejohlt, Drohungen geschrien. Dann waren zwei Frauen gekommen und hatten gespottet, die Glücksbringerei wäre nichts weiter als verlogene Geldmacherei.

»Verlogen«, Jan Pinkas klopfte die Pfeife aus, »verlogen, haben sie gesagt. Dabei ist das Wort ganz falsch. Jeder weiß, daß es ein Spiel ist. Nichts weiter: nur ein Spiel. Die ganze Kirmes ist immer nur ein Spiel, bei dem auch große Leute mitspielen und den Alltag vergessen können. Aber sie haben gesagt: verlogen!«

Das machte mich neugierig. Ich glaubte zu ahnen, was dann geschehen war, und Kornel bestätigte es.

»Vater hat den beiden Frauen einen geschlossenen Umschlag mit einer Karte drin geschenkt. Er hat gesagt, da könnten sie ihre Zukunft lesen. Die haben den Umschlag auch aufgerissen. Anschließend haben sie nicht mehr gespottet, sondern sind ganz still geworden. Da stand nämlich drauf auf der Karte, daß sie in Zukunft vom Pech verfolgt würden. Eigentlich ist das nämlich eine Antwortkarte.«

Sein Vater ergänzte: »Auf unserem Glücksrad gibt's auch ein Feld mit der Frage: Was geschieht, wenn ich meiner Freundin untreu werde? Wenn das Rad auf diesem Feld stehenbleibt, schiebe ich King-Kong eine solche Karte im verschlossenen Umschlag zu. King-Kong gibt die Karte dann an den weiter, der das Rad gedreht haben wollte. Wenn der das dann vorliest, haben alle Leute was zu lachen. ›Sie werden in Ihrem ganzen Leben vom Pech verfolgt werden!‹ Das steht drauf.«

»Wer waren die beiden Frauen, denen Sie die Unglückskarte gegeben haben? Die eine war Frau

Sepper, ja?«

»Natürlich«, nickte Jan Pinkas. »Die andere war ihre Schwester, die Frau Reiser.«

Aha, meine liebe Wirtin steckte also auch in dieser Sache. Und ein paar Männer natürlich auch. Das hatte ich zu spüren gekriegt. War am Ende das ganze Dorf von dieser verrückten Krankheit angesteckt worden?

Ich hörte Jan Pinkas sagen: »Und am anderen Tag haben diese beiden Frauen behauptet, sie hätten mich in der Nacht beobachtet . . .«

Meine Gedanken schweiften ab, wanderten zurück zu der Zeit, als die Leute von Reuthweiler uns Kinder vor dem bösen Wassermann und den lockenden Moornymphen gewarnt hatten. Hatten sie vielleicht am Ende selbst ein bißchen an solchen Spuk geglaubt? Konnte es nicht sein, daß die Nähe des geheimnisvollen, stillen Riedes auf manche Menschen bedrückend wirkte und ihnen irre Gedanken in die Köpfe zauberte?

Das Leben lief weiter wie sonst auch. Fröhliches passierte, Trauriges geschah: nichts war anders als sonst. Eine Kuh starb beim Kalben, ein Birnbaum verdorrte, jemand verletzte sich an der Kreissäge . . . In jedem Jahr geschehen solche Dinge. Doch da spukt dieser Gedanke herum: Hat uns nicht dieser Schausteller Unglück gebracht? Ist er nicht an allem schuld? Aberglaube? Gewiß würden sie lachen, wenn man sie fragte, ob sie abergläubisch wären. Aber trotzdem: diese schwarzen Gedanken, die sich eingenistet hatten . . .

Ich erinnerte mich dumpf an seltsame Geschichten, die sie damals kichernd erzählten, wenn das

Dorf eingeschneit war und die Leute am Kamin zusammenrückten. Da murmelten sie Sprüche und sagten, eigentlich wären die heidnisch. Da schnitten sie kleinen Kindern bei Vollmond die Fingernägel. Da stellten sie überkreuzte Besen vor die Tür und lachten verlegen dazu. Da nagelten sie eine tote Eule ans Scheunentor.

Unsinn! redete ich mir ein. Solche Zeiten sind vorbei. Wir leben im Zeitalter des Fernsehens, der Beatschuppen und Phantomjäger. Da ist kein Platz mehr für so krauses Zeug. Aber trotzdem . . . Ich war mir nicht so sicher.

Sie haßten Jan Pinkas, den Unglücksbringer, bestimmt. Aber hatten sie nicht vielleicht auch Angst vor ihm? Und sie wußten auch, daß sie Schuld auf sich geladen hatten. Das falsche Zeugnis! Natürlich kam ich ihnen gerade recht. An dem Schnüffler konnte man ja seine Wut auslassen.

»Blabb-blabb-blapp-brrrr!« schnatterte King-Kong mich an. Die Schimpansin haute mir kumpelhaft auf die Schulter und holte mich in die Wirklichkeit zurück.

»Wir sollten ein bißchen essen«, schlug Jan Pinkas vor. »Wir haben heute morgen schon ein paar schöne Fische gefangen. Na, hätten Sie Lust?«

Vor einigen Stunden hätte ich es nicht geglaubt, daß ich jemals wieder Hunger haben würde in meinem Leben, aber ich hatte plötzlich wirklich Hunger.

Kornel brachte die Fische, die mit großen Blättern zugedeckt waren und unter Steinen im Wasser gelegen hatten. Es waren sechs Fische.

»Wir backen sie in der heißen Asche«, schlug Kornel vor. Er machte sich sofort an die Arbeit, schlitzte mit einem Taschenmesser die silbernen Bäuche auf und reinigte die Fische über einem Eimer.

»Kommen Sie!« forderte Jan Pinkas mich auf. »Das kann Kornel sowieso besser als wir zwei.« Er griff ins Führerhaus des bunten Wagens und holte eine Korbflasche heraus. »Sie können es bestimmt vertragen nach dieser Nacht.« Er reichte mir die entstöpselte Flasche zu und warnte: »Aber nur einen kleinen Schluck nehmen.«

Ich nahm nur einen kleinen Schluck, aber der war wahrscheinlich noch zu groß gewesen. Wie Feuer lief es mir durch den Hals. Ich dachte, die Augen fielen mir raus. Aber dann spürte ich wohlige Wärme im Magen. »Großer Manitou!«

Jan Pinkas setzte die Flasche ab und haute den Korken wieder hinein. »Uraltes Familienrezept. Hilft gegen alle Krankheiten des Leibes und der Seele.«

»Ich glaube es«, hörte ich mich husten.

Ein Schrei im Schilf

Wir hatten gegessen. Ich merkte, daß Jan Pinkas unruhig wurde und losfahren wollte. Kornel klüngelte anscheinend ganz bewußt, als wollte er Zeit gewinnen.

Und dann kamen die Kinder auch.

Sie hatten es schwer, mit ihren Fahrrädern den holprigen Uferweg zu fahren.

Kornel lief zum Rand des Gebüschs, das die Insel abschirmte, und winkte. »Albertine! Hierher!«

Albertine, Moritz und Eugen winkten zurück.

Ich konnte auf Jan Pinkas' Gesicht lesen, was der Mann dachte: Warum kann Kornel nicht Freunde haben wie andere junge Leute auch? Warum müssen wir immer unterwegs sein?

Und ich dachte: Da haben die beiden fahrenden Leute mal für ein paar Tage ein bißchen Nestwärme in Reuthweiler gesucht, und das hat schon zur Katastrophe geführt. Ich fragte mich, wann Jan und Kornel Pinkas eigentlich in ihrer Wohnung in Ravensburg lebten. Im Winter? Und lernte Kornel nicht irgendeinen Beruf? War seine Zukunft vorbestimmt: Schausteller?

Wenn Jan Pinkas mir nicht so fremd gewesen wäre, hätte ich vielleicht über diese Dinge mit ihm gesprochen. Heute frage ich mich, ob es nicht meine Pflicht gewesen wäre, über Kornels Zukunft mit ihm zu reden, auf die Gefahr hin, daß er mich zum Teufel gewünscht hätte.

»Schön, daß ihr noch gekommen seid!« rief Kornel.

»Wir wollten uns wenigstens von dir verabschieden«, sagte Eugen und warf prustend von der Anstrengung sein Rad ins Gras.

Auch Moritz und Albertine schwitzten. Sie waren zu schnell gefahren. Aber vielleicht hatten sie einen Grund.

Jan Pinkas schaltete sich ein. »Was ist mit euren Eltern?« fragte er argwöhnisch. »Sie haben es euch doch verboten, mit uns zu sprechen. Wir sind doch Diebe! Wir haben doch eure Tiere verhext! Wir sind doch schuld an allen Krankheiten in Reuthweiler! Wir sind doch für eure Mißernten verantwortlich. Wir . . .«

»Laß doch, Vater!« bat Kornel. »Was können denn Albertine und die Jungen dazu, daß die großen Leute so sind! Warum schreist du sie denn so an?«

»Verzeihung«, murmelte Jan Pinkas und wirkte noch krummer als sonst. »Es ist mir nur so rausgerutscht. Nein, ihr könnt ja nichts dazu. Hat jemand gesehen, daß ihr ins Ried hinausgefahren seid?«

»Nein«, sagte Moritz bestimmt. »Das hat niemand gesehen. Albertine und ich haben schon vor der Schule heute früh unsere Räder bei Eugen Schmaik hinter der Obstscheune versteckt. Vom Dorf aus kann man das nicht sehen, wenn wir . . .«

»Ich weiß nicht recht«, unterbrach Jan Pinkas. »Irgendwie trau ich dem Braten nicht.« Wie ein alter Indianer witterte er nach allen Richtungen. King-Kong, die Schimpansin, machte es ihm nach.

»King-Kong!« lockte Albertine. »Komm, ich hab dir was mitgebracht, komm schon her!« Sie hatte kaum ausgeredet, da hockte die Äffin auf ihrem Arm, und es hätte nicht viel gefehlt, daß beide im Wassergraben gelandet wären. Die Banane schob King-Kong sich gleich mitsamt der Schale ins Maul. Dann hielt sie sich das hellbraune Jäckchen aus Wolle an die Backe und stieß dazu behagliche Schnurrtöne aus. »Ich hab das früher immer im Bett getragen«, sagte Albertine und schämte sich ein bißchen. »Ich meine, wenn's kalt war im Winter.«

Die beiden Jungen lachten. Aber Kornel lachte nicht. Er streichelte mit seiner Hand ganz sacht über Albertines Gesicht, und das sah schön aus.

»Für dich«, sagte Albertine leise und hielt Kornel ein Heft hin. »Ich hab da so ein bißchen . . .« Sie sprach nicht weiter.

Kornel steckte das Heft schnell in sein Hemd. Offenbar war das Heft mit Kugelschreiber-Schrift vollgeschrieben.

Moritz und Eugen hatten auch ein Abschiedsgeschenk. »Hier«, Moritz überreichte feierlich einen kleinen Plastikbeutel. »Kaugummis und Schokolade und so. Falls du unterwegs mal Hunger hast.«

Kornel hatte Mühe, gelassen zu sprechen. »Ich hab euch so 'n paar Flöten geschnitzt. Wollt ihr sie?«

»So Flöten, wie du eine hast?« fragte Eugen

begeistert.

»Ja, Panflöten. Kommt, ich geb sie euch. Ist ja nichts Besonderes.«

Auch Albertine und Moritz warfen die Räder einfach hin und rannten hinter Eugen und Kornel her zum bunten Wagen. King-Kong konnte kaum folgen.

Kornel hatte sich eine Menge Mühe gegeben mit den Panflöten, die er aus der hinteren Klappe des Wagens holte. Er war sich seiner Sache ziemlich sicher gewesen, daß die drei noch einmal kommen würden.

Die winzigen Orgelpfeifen waren mit Bast aneinandergebunden. Kornel ließ seine Lippen schnell über die angeschrägten Öffnungen wandern. Die anderen versuchten es nachzumachen. Kornels Melodie klang traurig und fröhlich zugleich. Es war die gleiche Tonfolge, die ich gehört hatte, als ich es zuerst nicht glauben wollte, daß da wirklich ein Mittagsgott blies.

Plötzlich sagte Moritz laut: »Albertine, sollten wir nicht endlich . . .«

Warum redete er nicht weiter?

»Darf der das denn auch hören?« fragte Eugen und zeigte auf mich.

Jan Pinkas nickte. Er war dabei, die Glut zu zertreten. Aus seiner Pfeife quollen dicke Wolken. Ich begriff, warum er sein Gesicht so einnebelte. Vermutlich wollte er nicht, daß man seine Augen sah.

»Mein Vater und die anderen«, begann Albertine. »Ich mein . . ., weil . . . weil . . .« Sie fing noch einmal von vorn an und ballte ihre Fäuste dabei. »Sauters Opa ist krank geworden. Säuferleber. Aber alle sagen, der wär verhext worden. Bei Hoggs hat eine Sau geferkelt. Nur zwei Jungen waren am Leben. Ist ja klar, daß sie jetzt im Dorf reden ..., daß sie reden ...«

Dann fing Albertine doch an zu weinen.

Moritz räusperte sich. »Der Sepperbauer hat gesagt, er will den Rumtreibern Beine machen, weil seine Frau das nicht mehr aushält vor Angst.«

Ja, die Frau mit der Unglückskarte. Die Frau, die von ihrem Gewissen geplagt wurde. Bloß: was hatte Albert vor? Mein sechster Sinn machte sich bemerkbar und flüsterte mir böse Wörter zu.

»Wir fahren ja jetzt«, sagte Jan Pinkas müde.

Kornel war weiß im Gesicht vor Zorn. Er warf seine Panflöte auf die Erde und zertrat sie mit den Absätzen seiner Turnschuhe, noch bevor Albertine sie aufheben konnte.

Wo war eigentlich Jan Pinkas' Zorn geblieben? Hatte er nicht von Rache gesprochen? »Kornel, lad den Rest auf!« rief er und paffte. »Bring King-Kong in den Wagen. Hopp, King-Kong, sag Wiedersehen!«

Die Schimpansin, von der Nervosität angesteckt, schnatterte wilde Tiraden und wehrte sich heftig, als Kornel sie mit sanfter Gewalt zum Wagen führte. Aber dann, drei, vier Schritte vor dem Treppchen, blieb er plötzlich stehen. Die Äffin zeterte.

Da merkten wir es auch: Brandgeruch.

»Da brennt was!« schrie Eugen überflüssigerweise.

»Das trockene Schilfgras!« Jan Pinkas schnüffelte in den Wind und zeigte nach Südwesten. »Vor dort! Kornel, los, alles in den Wagen packen! Wir müssen von der Insel runter und an den Fluß!«

In diesem Augenblick riß King-Kong sich los. War es die Furcht vor dem Rauch, der dichter und dichter herangetrieben wurde? War es die allgemeine Aufregung?

»Komm her! King-Kong, blödes Biest! Komm her!«

Aber Jan Pinkas konnte schreien wie er wollte: die Schimpansin turnte davon, hatte den breiten Wassergraben glatt übersprungen, klammerte sich auf der anderen Seite an der Uferböschung fest, purzelte über dicke Grasbänke, sprang senkrecht hoch, kriegte Weidenäste zu fassen, brach in wahnwitzigem Tempo ins Röhricht ein und turnte schon durch die niedrigen Kronen der Erlen davon, genau in den Rauch hinein, den der Wind herantrieb.

Dann sah ich in der Ferne auch rotes Feuer, das wie eine gefährliche Schlange im dürren Schilfgras des Vorjahres handbreit über dem Wasserspiegel tanzte.

»Komm zurück!« schrie Kornel aus Leibeskräften, zitterte, bebte, riß sich fast die Hände aus. »King-Kong! Gutes Mädchen, ja, ja! Gutes Mädchen!«

Vergebens, King-Kong war verschwunden.

Ich reagierte zu spät. Kornel riß sich seine Weste vom Körper, streifte gleichzeitig die Schuhe ab und hechtete mit einem Schrei ins Wasser. Nur einen Fetzen Haut kriegte er noch zu fassen. »Kornel!« brüllte Jan Pinkas wie von Sinnen.

Wie sollte der Junge ihn hören, der geschmeidig durch das mannshohe Wasser tauchte, drüben im harten Wollgras wieder hochkam und sich einen Weg durch die Weidenzweige brach.

Im ersten Augenblick war ich wie gelähmt. Ich hörte Albertine kreischen, sah Eugen wie verrückt im Veitstanz hüpfen und unartikulierte Schreie ausstoßen, spürte dann meine eigenen Hände, die Jan Pinkas vom Wasser wegrissen.

»Los, den Wagen von der Insel fahren. Auf die Wiesen raus! Zum Fluß! Raus aus dem Schilf! Jan Pinkas, tun Sie was! Moritz, hilf ihm!«

Der Mann stand wie zur Salzsäure erstarrt. »Mein Junge!« flüsterte er. »Mein Junge . . .«

»Ich hole ihn!« schrie ich ihn an. »Fahren Sie endlich den Wagen von der Insel! Albertine, Moritz, Eugen: packt mit an!«

Ich nahm mir nicht viel Zeit. Nur die Schuhe ließ ich auf der Insel. Dann sprang ich los. Eiskaltes Wasser klatschte mir hart ins Gesicht, meine Finger griffen in schlammigen Grund. Ich stieß mich vom Boden hoch und bekam Wurzelwerk zu fassen. Auf den Knien robbte ich ans Ufer und warf mich in die Schneise im Buschwerk, die Kornel geschlagen hatte. Wasserlinsen und klebrige Algenschlieren hingen mir in den Haaren und im Gesicht. Ich spuckte aus, hastete weiter und stak schon mit den Beinen im Morast fest. Nein, so ging das nicht! Keine Panik, keine Hektik. Lucas, du mußt jetzt die Nerven bewahren! Wenn du den Jungen retten willst, mußt du die Nerven bewahren! Ich dachte auch: Was nützt es denn, wenn ich wie ein Held ersaufe? Der Gedanke ans Sterben war mir so fremd, daß er mich kaum berührte.

Halt finden. Immer nur mit einem Fuß tasten. Wenn ich mich an Stauden und Zweigen festklammere und mit einem Fuß Halt habe, kann mir gar nichts passieren. Nur keine Blödsinnigkeiten jetzt!

Wo steckte Kornel?

Ich hoffte bloß, daß Jan Pinkas mit den jungen Leuten von der Insel verschwand. Das gierige Feuer kroch näher, der Rauch floß beizend dicht über dem Wasser heran. Tiere flohen wild. Enten flatterten hoch, Frösche tauchten in die Tiefen ein, größere Lebewesen – Wildgänse? Rehe? – brachen durch das Unterholz und erreichten vertraute Pfade. Aber ich: Landgänger, Fremder hier . . . Ich gab mir alle Mühe, die Nerven unter Kontrolle zu behalten und nicht in wilde Panik zu geraten.

Ja, wo steckte Kornel?

Ich blinzelte in den Qualm hinein. Erste Hitzewellen quollen heran. Die Feuersfront hatte jetzt eine Breite von etwa hundert Meter erreicht und knisterte in feuchtem Schilf und vertrocknetem Röhricht.

Wieso rannte und hüpfte der Affe auf das Feuer zu? Haben Tiere nicht Angst vor dem Feuer? Aber war King-Kong denn überhaupt ein normales Tier? Hatte es sich nicht zu sehr an die Verhaltensweisen der Menschen angepaßt? Überhaupt: reagierten Tiere in Angst noch logisch?

Ich sprang von Wurzelstock zu Wurzelstock. Schnitt mir tiefe Schlitze in die Hände, weil die Gräser wie Schwerter scharf waren, keuchte, daß mir die Lungen stachen.

Weiter. Der Junge darf nicht ins Feuer laufen. Er darf nicht in den brennenden Schilfgürtel geraten, und er darf nicht ins Moor, das jenseits der triefenden Grasebene droht. Aber die Schimpansin: flog sie nicht in ihrer Leichtigkeit über das drohende Ried weg, huschte sie nicht leichtfüßig über alle Untiefen?

»Kornel!« schrie ich. »Bleib doch stehen! Hörst du mich?«

Keine Antwort.

Zumindest konnte ich nichts hören. In meinen Ohren rauschte das Blut. Hinter mir schrie Jan Pinkas. Der Motor des bunten Wagens jammerte und wollte anscheinend nach mehrtägigem Stillstehen nicht anspringen. Dazwischen die gellenden Stimmen der Kinder – und vor mir prasselte das Feuer.

Ich sprang weiter von Grasinsel zu Grasinsel, zog die Beine aus schmatzendem Grund, sackte ein, wo ich festen Boden vermutete, kroch, krabbelte, robbte weiter.

»Kornel! Bleib stehen! Du darfst nicht weiter in den Sumpf hinein! Bitte, sei vernünftig!«

Plötzlich merkte ich, daß Moritz mir nachgekommen war. Weil er leichter war, kam er schneller vorwärts. Geschmeidig bewegte er sich durch die Lücken im Gestrüpp.

»Moritz! Zurück!«

»Aber . . . aber Kornel . . .«

Ich keuchte gegen den beizenden Rauch an: »Du mußt zurück, Junge! Hör doch!«

Aber Moritz hörte nicht auf mich. Ich versuchte ihn festzuhalten, doch ich geriet aus dem Gleichgewicht und faßte ins Leere. Glibbriges Moos verklebte mir das Gesicht. Als ich wieder sehen konnte, war Moritz schon vier, fünf Meter vor mir.

»Kornel!« schrie er. »Warte! Ich helf dir!«

Stimmte die Richtung überhaupt? Kornel konnte überall sein, King-Kong konnte irgendwelche Haken geschlagen haben. Die kokelnden Sumpfpflanzen verströmten einen Gestank, der mir fast den Atem nahm. Ich platschte mir händeweise Wasser ins Gesicht. Flattriger Wind fachte das Feuer zu immer breiterer Front an. Angstschweiß: ich hatte vorher noch nicht richtig gewußt, was das bedeutete.

Trockenes Schilf und verdorrtes Unterholz gab es in Fülle. Nahrung genug also für das Feuer, das meterbreite Wasserläufe übersprang und selbst über die Moorteiche tanzte. Ein schaurig-schönes Bild.

»Kornel!« schrie ich wieder und wieder.

»Kornel!« schrie Moritz, der an einem Binsenbusch hing und auf mich wartete.

»Wir ... wir können nicht weiter!« heulte Moritz hilflos und zeigte in die Flammen.

Dann hörten wir den Schrei.

Nein, das war nicht Kornel. Da schrie ein Mann. Halbrechts von uns. Schrie: »Hierher! Hilfe!« Und dann, wie in höchster Anstrengung: »Der Junge! Der Junge ist hier!«

Wie wir es geschafft haben, zu dem ölig glänzenden Wasserloch vorzudringen, weiß ich heute nicht mehr. Wahrscheinlich hab ich es auch damals nur zur Hälfte bewußt erlebt. Da war einfach nur der Zwang: Wir müssen den Jungen retten.

Kornel hing bis zu seinen Schultern im wäßrigen Schlamm. Ein Mann hielt ihn an den Haaren fest, doch der Mann fand selbst keinen festen Halt am seifenglatten Tümpelrand und rutschte und rutschte.

Der Mann war Albert Sepper, Albertines Vater – und Brandstifter ...

Moritz stürzte sich ungestüm vorwärts, aber ich fing ihn ab. Das fehlte noch, daß noch einer in den

Moortümpel fiel!

Ich riß meinen Gürtel aus den Schlaufen. »Moritz, leg dich hin! Kriech ganz langsam und leg ihm den Gürtel um den Arm. Eine Schlinge mußt du machen.«

Moritz begriff. Mit der linken Hand hielt ich mich an einem Schilfbüschel fest, mit der rechten faßte ich Moritz' rechtes Fußgelenk. Das waren beinahe Schwimmbewegungen, mit denen Moritz sich dem Mann näherte.

»Ganz langsam, Moritz!« flüsterte ich beruhigend.

Moritz erreichte den Mann, zog den Gürtelriemen hinter seinem Oberarm durch und ließ ihn dann durch den Ring der Schnalle gleiten. »Fertig!« keuchte er.

»Ich ziehe jetzt!« rief ich. »Laßt bloß nicht los! Niemand darf jetzt loslassen!«

Es war ein Gefühl, als platzten die Adern an den Schläfen. Aber ich zog und zog und spürte, wie sie Zentimeter um Zentimeter näher zu mir herankamen. Wenn jetzt nur niemand losläßt! hämmerte es in mir. Laßt nicht los! versuchte ich mit meinen Gedanken zu signalisieren. Laßt nicht los!

Ächzen, Schwappen des trägen Wassers, Blubbern im Riedboden, in der Ferne die schrille Stimme von Jan Pinkas. Weiter! Ganz langsam ziehen! Keine hastigen Bewegungen!

Dann konnte ich Moritz an der Hüfte fassen, dann an den Schultern, dann endlich konnte ich selbst den Riemen greifen. Und dann lagen wir sprachlos vor Erschöpfung und eingehüllt in Rauch und glühende Schilffetzen, die der Wind heranblies, nebeneinander im Gras.

Zuerst sagte Albert Sepper etwas. »Das hab ich nicht gewollt! Wirklich, das hab ich nicht gewollt!« Seine Stimme war ganz dünn.

»Kornel! Kornel!« schrie Jan Pinkas aus der Ferne.

Kornel rappelte sich hoch, griff sich an den Hals, schrie dann heiser zurück: »Ich komme, Vater! Ich komme!« Und dann zeigte er nach vorn und flüsterte: »King-Kong!«

Ich sah die Schimpansin erst jetzt. Sie hing auf der anderen Seite des etwa zwei Meter breiten Tümpels an einem Weidenstumpf, hing da wie ein Kind, das sich vor Angst an den Leib seiner Mutter preßt und das Gesicht in der Schürze vergräbt.

»King-Kong!« schmeichelte Kornel. »Du mußt springen! Komm, braves Mädchen!«

Moritz versuchte es auch. »Lecker-lecker Bananen! Komm, King-Kong, lauf zu Albertine!«

Ich weiß nicht, ob es der Name Albertine war, ob es das Wort Bananen war, ob es Kornels schmeichelnde Stimme war oder die Hitze des Feuers. Ganz plötzlich sprang der Affe los, stieß sich mit den Beinen vom Stamm ab, als er schon waagrecht in der Luft hing, und erreichte mit gewaltigem Sprung fast mühelos unsere Uferseite.

»King-Kong!« jubelte Kornel.

»Das . . . das hab ich nicht gewollt!« wiederholte Albert noch und noch.

»Wir müssen weg hier!« mahnte ich.

Der Motor des Wagens knurrte jetzt laut und satt. Anscheinend hatten sie es geschafft. Dazwischen immer wieder Jan Pinkas mit gellender Stimme.

»Wir kommen!« rief ich. »Runter zum Fluß!«

Der Sepperbauer ging vor. Er kannte sich offenbar aus in dieser triefenden Landschaft. Zwar sackten wir knietief ein beim Waten, aber wir kamen schneller voran als das Feuer. Dann erreichten wir den zugewachsenen Forstweg, der mit Knüppelholz gesichert war. Die Insel war längst ein Flammenmeer.

Außerhalb des Buschwerks warteten Jan Pinkas, Eugen und Albertine. Sie waren schwarz von Ruß und Schlamm, aber sie waren gesund. Am Ufer der Ach stand der bunte Wagen.

Als Albertine ihren Vater sah, fing sie an zu weinen.

»Junge!« sagte der dünne Jan Pinkas bloß und schloß Kornel in die langen Arme. Die Schimpansin schnatterte aufgeregt die Geschichte ihrer Angst herunter.

Die breiten Schneisen der Wassergräben vom ehemaligen Torfstich bremsten das Feuer. Die Leute von Reuthweiler rückten zwar mit ihren Spritzwagen an, aber da war nichts mehr zu löschen. Glimmende Binsenstauden, verkohlte Schilfnester, trostlos leere Äste. Und über allem schwarzer Rauch, der bis zu den Wolken stieg.

Ein Förster kam in einem grünen Golf-Diesel angetuckert. Die Leute von Reuthweiler standen mit schuldstarren Gesichtern herum und wußten nichts mit ihren Händen anzufangen.

Eugen hielt mir meine Schuhe hin.

»Komm, Kornel«, sagte Jan Pinkas bitter. »Wir fahren jetzt weiter.«

»Aber . . .« Der Sepperbauer streckte hilflos die Arme aus.

Der Förster bellte: »Wer ist für den Brand verantwortlich? Das wird ein Nachspiel haben!«

Ich werde dieses Bild nie vergessen. Der dünne, krumme Jan Pinkas, der triefend nasse Kornel, die krummbeinige Schimpansin: Hand in Hand entfernten sie sich und schauten sich nicht ein einziges Mal um.

Langsam schaukelte der bunte Wagen davon.

Wenn der Rauch verweht

Abenddämmerung. Das Ried lag still und geheimnisvoll im Westen jenseits der Äcker und Wiesen.
Dunst stieg auf, hüllte weißlich-grau das Sumpfland
ein, versteckte mild die verbrannte Fläche, die wahrscheinlich bald vom frischen Grün der wuchernden
Fruchtbarkeit zu neuem Leben erwachen würde. Der
Rauch hatte sich verzogen. Die Sonne protzte ver-
schwenderisch mit ihrem letzten Licht.

Würden da keine Spuren bleiben?

Wir standen bei Jonathan, ich hatte meine Sachen
eingeladen. Es zog mich heim zum Rabenhof.

»Ob wir den Kornel jemals wiedersehen?« fragte
Albertine leise.

Eugen schüttelte den Kopf. »Der Kornel und sein
Vater, die haben die Schnauze gestrichen voll von
unserem Dorf. Was sie denen angetan haben, na!«

»Aber wir haben zu ihnen gehalten«, gab Moritz
zu bedenken.

»Nur wir«, sagte Eugen, »die anderen nicht.
Glaubst du, das reicht, daß sie wiederkommen? Die

müßten doch beeumelt sein. Nee, das schmink dir mal ab, Moritz. Die kommen nicht wieder. Und jetzt noch das Feuer. Mensch!«

»Aber ihre Rache!« widersprach Moritz.

»Die kommen trotzdem nicht wieder.«

Albertine schaute zum Ried hinüber. »Daß mein eigener Vater . . .« Sie sagte den Satz nicht zu Ende.

Ich glaube, wir verstanden auch so, was sie meinte. In ihrer hysterischen Furcht waren die Leute von Reuthweiler bis zum Äußersten gegangen, um Jan Pinkas und seinen Sohn zu vertreiben. Zu der Angst war das Schuldgefühl gekommen, das schlechte Gewissen. Albert Sepper hatte sogar Feuer gelegt, hatte – wenn auch ungewollt – Menschen in Gefahr gebracht, sogar seine eigene Tochter. Das alles würde er vor Gericht verantworten müssen.

Ob diese Geschichte gut ausging, weiß ich nicht. Während wir noch bei meinem Wagen standen, dachte ich über die letzten zwei Stunden nach.

Frau Reiser war entsetzt gewesen, als sie mich sah, wie ich schmutzig und naß ins Haus kam. Ja, die Sache war den Leuten über den Kopf gewachsen. Sie kamen nicht zur Ruhe, solange Jan Pinkas in der Nähe war.

»Nun haben Sie's ja geschafft«, sagte ich, als ich meine Rechnung bezahlte. »Jetzt haben Sie ja wieder Ruhe im Dorf, Sie und die anderen Leute. Ich fahre auch weg. Es ist also kein Fremder mehr in der Nähe. Jetzt sind Sie wieder ganz allein mit Ihrem Gewissen.«

Frau Reisers Stimme zitterte leicht, als sie mir das Wechselgeld hinzählte. »Fünfundzwanzig Mark zurück.«

»Das ist kein Zwanzigmarkschein«, sagte ich, »das ist ein Fünfziger.«

Sie hielt sich den Geldschein dicht vor die Augen. »Jaja, Sie haben recht.«

»Sind Sie kurzsichtig?« fragte ich.

»Na ja, die Jüngste ist man halt nicht mehr. Liegt bei uns in der Familie.«

»Dann würd ich's mal mit einer Brille versuchen.«

»So ein Ding stört bei der Arbeit«, wehrte sie ab.

Oder war das Eitelkeit? Ich fragte, ob ihre Schwester auch kurzsichtig sei. Als sie nickte, wußte sie gleichzeitig, daß sie mir in die Falle gegangen war. Die Röte schoß ihr ins Gesicht, sie wehrte Fliegen ab, die gar nicht da waren, und fummelte in ihrem Haar herum.

»Wir waren aber trotzdem fest überzeugt, daß wir den Pinkas in der Nacht gesehen hatten, als er aus Albertines Zimmer kletterte. Und wo er ja nicht einmal widersprochen hat bei der Polizei.«

»Aber Sie waren nicht sicher, daß Sie ihn gesehen hatten. Es paßte Ihnen nur zu gut in den Kram.«

Frau Reiser zerknüllte ein winziges Taschentuch über ihrem mächtigen Busen. »Wo wir's doch zu Protokoll gegeben hatten, da konnten wir doch nicht später hingehen und sagen, wir hätten uns geirrt.«

»Wieso nicht? Sie haben nicht unter Eid ausgesagt. Sie hätten leicht Ihre Aussage widerrufen können, Sie und Ihre Schwester. Ihnen wären Zweifel gekommen oder so. Und bei Ihrer Kurzsichtigkeit könnte es ja sein, daß Sie sich geirrt hätten. So in der Art.«

»Nein!« schrie sie, weinte dabei, war völlig verwirrt.

»Natürlich nicht«, sagte ich hart. »Sie wollten ja ein falsches Zeugnis wider Ihren Nächsten geben. Aber was rede ich! Sie haben ihn und seinen Sohn ja nicht als Ihre Nächsten betrachtet. Fahrendes Volk, Zigeuner . . . Selbstgefällige Pharisäer haben mich schon immer angekotzt.«

»Was geht denn Sie das an!«

»Herr Pinkas will, daß seine Ehre wiederhergestellt wird. Nur das will er. Und das ist sein verdammt gutes Recht. Darum geht mich das eine Menge an. Ich sorge dafür, daß das Unrecht . . .«

»Wenn Sie sich nicht eingemischt hätten!« fuhr sie dazwischen.

Nein, sie hatte nichts gelernt. Ich drehte mich um und ging hinaus. Jonathan war beladen. Albertine, Moritz und Eugen warteten auf mich.

Wir redeten noch ein bißchen. Seltsam, aber der Abschied fiel uns plötzlich schwer.

»Glauben Sie, daß die noch mal wiederkommen?« fragte Eugen mich.

Ich schüttelte den Kopf.

Wie ein halbiertes Spiegelei hing die Sonne jetzt hinter dem Ried. Im Dorf gingen die Leute ihrer Arbeit nach, als wäre nichts gewesen.

Plötzlich sagte Albertine: »Da kommt mein Vater.«

Albert Sepper hatte die Hände in den Hosentaschen und schlenderte wie unschlüssig heran. Der Schirm seiner Mütze verdeckte die Augen.

»Albertine«, sagte er, »es wird Zeit zum Heimgehen.« Dann blieb er vor mir stehen und malte mit der Schuhspitze Muster auf den Straßenbelag. »Daß . . . daß meine Frau sich vielleicht doch geirrt hat, wollte ich Ihnen noch sagen, bevor Sie wegfahren. Könnte ja sein, daß es Sie interessiert. Sie meint, so hundertprozentig sicher wäre sie sich nicht mehr, daß das damals in der Nacht wirklich der Herr Pinkas gewesen wär. Und sie will das morgen früh auch alles auf der Polizei in Ostrach zu Protokoll geben.«

Nein, wir verrieten es nicht, daß Frau Sepper und ihre Schwester mit ihren beschwipsten Köpfen damals in der Nacht King-Kong, die Schimpansin, gesehen hatten. Falls sie überhaupt etwas gesehen hatten.

»Und daß wir Sie niedergeschlagen haben, also, das war nur, weil wir ...«

» ... Angst hatten!« sagte ich scharf. »Wenn Sie sich morgen in Ihren Wagen setzen, könnten Sie Herrn Pinkas selbst die Neuigkeit überbringen. Es ist wichtig für ihn. Sie finden ihn in Nördlingen auf dem Kirmesplatz.« Ich lachte ihn unfreundlich an. »Sie können sich von seinem Glücksrad auch die Zukunft sagen lassen.«

»Da ist noch etwas«, sagte Albert Sepper. »Ich weiß, wer Sie sind. Sie sind der Junge, der nie Milchsuppe mit Knubbeln drin essen wollte.«

Ich stieg in den Wagen und fuhr los. Die jungen Leutchen winkten mir nach. Albert Sepper nahm die Hände nicht aus den Taschen.

Nein, ich weiß wirklich nicht, ob die Geschichte gut ausgegangen ist. Ich hab zwar Tage später mit der Polizei in Ostrach telefoniert und erfahren, daß die beiden Frauen ihre Falschaussage zurückgenommen hatten. Aber ob Ruhe eingekehrt ist in Reuthweiler: das weiß ich nicht. Ich bin nicht wieder hingefahren. Es zieht mich nichts mehr nach Reuthweiler, nur an das geheimnisvolle Ried denke ich manchmal.

Wie leben die Menschen zusammen, die Schuld auf sich geladen haben? Können Eugen und Albertine und Moritz ihren Eltern verzeihen? Wird Albertine Kornel vergessen können, oder wird sie ihn vielleicht doch wiedersehen?

Was wird aus Jan Pinkas? Was aus Kornel? Was aus der Schimpansin King-Kong? Diese seltsamen Glücksbringer: werden sie eine Zukunft haben?

Müde erreichte ich tief in der Nacht den Rabenhof. Ausschlafen, dachte ich, nur ausschlafen! Ich schwor mir, daß ich mich niemals mehr um anderer Leute Angelegenheiten kümmern würde, daß ich meine Nase in nichts mehr stecken würde, was mich nichts angeht. Aber wer mich kennt, weiß, wie schnell ich wortbrüchig werde. Was kann ich dafür, daß so viel Rätselhaftes passiert?

Das Zettelchen flatterte auf den Boden, als ich mit lahmen Knochen ausstieg. Ich hatte die Fahrt über draufgesessen. Es war eins von Jan Pinkas' Glückskärtchen. Wie war das nur in meinen Wagen gekommen?

Ich las im Licht der Türampel: *Freuen Sie sich! Sie werden ein ruhiges Leben führen und nie in Schwierigkeiten geraten.* Unwillkürlich lachte ich los. Da fing unser Hofhund empört an zu bellen.